NOÉMIE EST EN VIE

Ouvrage publié sous la direction
d'Éric Maitrot

ISBN : 978-2-221-27811-6
Dépôt légal : novembre 2024
Éditions Robert Laffont – 92, avenue de France 75013 Paris
serviceclients@lisez.com

MARIE-FRÉDÉRIQUE,
GÉRARD ET NOÉMIE EJNÈS

NOÉMIE EST EN VIE

Robert Laffont

À toutes les victimes du harcèlement scolaire
parties pour toujours.

PROLOGUE

La fuite

(Par Gérard, le père,
Marie-Frédérique, la mère, et Noémie)

GÉRARD — La voiture semble avoir été sculptée pour la circonstance. Je l'ai récupérée au début de l'été 2021, elle appartenait à mon père. À cet instant, nous sommes tous dans le même état que cette Clio, totalement cabossés.

En ce lundi 4 mars 2024, jour de reprise des cours après les congés de février, Robin, seize ans, est parti à huit heures comme à son habitude prendre son bus pour le lycée et, pour la première fois depuis presque quatre ans – depuis son entrée en sixième –, Noémie ne s'en est pas allée à pied au collège, situé à cinq cents mètres de chez nous. En plein milieu de son année de troisième, à quelques mois seulement de son passage au lycée, elle s'exile. Et nous, ses parents, avec elle. Comme des parias, comme des coupables.

Noémie a reçu son nouvel emploi du temps. Le lundi, elle commence à neuf heures. L'établissement se trouve à quatre kilomètres de la maison. L'inscription s'est faite dans une folle urgence lors des quarante-huit heures précédant les vacances.

Je conduis. Noémie est assise à côté de moi, Marie-Frédérique est à l'arrière. Pour le moment, nous roulons en silence. Je ne sais pas quoi dire à ma fille. Sa maman se lance.

— Ça va, Noémie ?

— Non. Je commence à me chier dessus.

Du Noémie pur jus. Je ne peux m'empêcher de sourire. Je prends le relais.

— Moi aussi, ma chérie, mais tu vas voir, ça va bien se passer.

— Je ne sais pas.

— Tu sais bien qu'il n'y avait pas le choix. Qu'il fallait te sortir de tout ça.

— Je sais, mais c'est injuste.

— Bien sûr que c'est injuste, coupe Marie-Frédérique, mais maintenant il faut regarder devant.

Noémie ne dit plus rien. Le silence nous rattrape. Il fait tellement gris, tellement triste.

Nous savons tous les trois que des circonstances malicieuses rendent cette matinée en tout point extraordinaire. Les cours habituels ont été supprimés et remplacés par une sortie au théâtre pour voir une pièce en anglais. Toutes les classes de troisième de la ville vont se retrouver pour assister à la représentation. Aux côtés de ses nouveaux compagnons de route, Noémie va recroiser ceux qui ont précipité son déracinement, ceux qui l'ont harcelée pendant des mois, ceux qui ont épousé la cause des harceleurs, ceux qui n'ont rien dit, ceux qui n'ont rien fait, ceux qui ne voulaient pas savoir, ceux qui ne savaient pas. Les retrouvailles s'annoncent redoutables. La perspective me stresse affreusement.

Nous sommes arrivés, avec trente minutes d'avance comme cela nous l'a été demandé. Je gare la voiture à quelques dizaines de mètres du collège, et nous accompagnons Noémie à l'intérieur de l'établissement sans dire un mot. Dans la loge d'accueil, nous nous identifions puis remplissons le cahier réservé aux visiteurs en attendant qu'une surveillante vienne récupérer « la nouvelle » pour l'emmener dans le bureau de la vie scolaire. Je revois à travers la vitre les dessins affichés dans le hall aperçus quinze jours auparavant : tous sont consacrés au harcèlement scolaire, tous le dénoncent. Pour nous, il s'agit d'un sinistre symbole, un clin d'œil du diable, une ultime blessure avant le grand saut.

La surveillante vient chercher Noémie ; nous la regardons partir, elle ressemble à une prisonnière. En sortant de l'établissement, j'ai les larmes aux yeux ; je suis tellement inquiet, tellement soulagé aussi. En marche pour une nouvelle vie scolaire ! Quelle qu'elle soit, elle sera mieux que celle d'avant.

*

MARIE-FRÉDÉRIQUE — C'est un court voyage que je n'aurais jamais imaginé devoir faire. Plus que par l'angoisse, sinon celle que Noémie ne s'acclimate pas à son nouveau monde, je suis habitée par une sourde colère qui ne me quitte plus depuis plusieurs mois. Au-delà du drame vécu par notre fille, je suis rongée par toutes ces rencontres avec les responsables de son ancien collège au cours desquelles j'ai eu l'impression de me heurter à une totale indifférence. Comme si rien n'était grave, comme si c'étaient nous qui exagérions, comme si nous dérangions le fragile ordre établi.

Nous savons ce que nous avons vécu, ce que Noémie a vécu. Elle ne pouvait plus rester dans son collège. Elle ne supportait plus de croiser ses bourreaux tous les jours. Pas tous les jours, ceux où elle allait au collège et qui se raréfiaient au fil du temps. Elle n'acceptait plus, et moi non plus, de constater qu'ils vivaient leur vie de collégiens en toute impunité, comme s'il ne s'était rien passé, qu'ils étaient toujours sur sa route à la narguer, à la démolir par leur simple présence. Je ne sais toujours pas comment Noémie a fait pour tenir le coup. Pour survivre.

Partir. Il n'y avait plus le choix. C'était l'unique solution à court terme pour essayer de passer à autre chose, pour la sauver. C'est pour cette raison que nous sommes dans cette voiture tous les trois à nous demander ce que nous faisons là, tout en le sachant trop bien. Nous prenons la fuite, presque honteusement.

*

Noémie — Ce matin, je me suis levée assez tôt. Je ne me rendais pas bien compte de ce qui se passait. J'avais l'impression de faire comme d'habitude, d'aller au collège, même si je savais que ce n'était pas comme d'habitude. J'étais inquiète, mais pas plus que ça.

Dans la voiture, je me suis sentie de plus en plus nerveuse. J'ai eu l'impression d'être dans une sorte de rêve ; j'allais me réveiller pour retourner à mon véritable collège. Et puis la réalité m'a rattrapée. Je me souviens avoir répondu « je me chie dessus » à une question de maman. Je rigolais mais pas vraiment.

Je stressais. J'ai des problèmes en matière de sociabilité. J'ai du mal à avoir des relations avec les gens de mon âge. Pour me rassurer, je me disais que ça n'allait durer que quatre mois.

Mais surtout, j'avais en tête le spectacle du matin, la pièce en anglais avec tous les élèves de troisième de la ville. C'était incroyable : j'allais retrouver mes anciens camarades de classe, qui avaient été informés de mon départ, mais aussi ceux qui m'avaient fait tant de mal, mes harceleurs, et ceux qui s'étaient joints à eux – tous ceux-là ignoraient que j'avais changé de collège.

La surveillante est venue me chercher dans la loge d'accueil. Elle m'a conduite dans le hall où les élèves de troisième devaient se regrouper autour de leur professeur principal à la sonnerie de neuf heures. Ils se sont tous rangés par classe pendant que je faisais des allers-retours. Je ne savais pas où me placer. La surveillante m'a confiée à la professeure de français qui m'a demandé d'attendre. J'ai entendu un élève crier : « Noémie ! » J'ai trouvé ça bizarre vu que je ne connaissais personne.

Je suis restée seule devant pendant que les professeurs recomptaient les élèves. La prof de français ne m'a plus calculée. En sortant du collège, je me suis mise entre deux groupes et j'ai parcouru les cinquante minutes de marche seule. Ça ne m'embêtait pas vraiment, j'ai l'habitude d'être seule. Et puis je me disais que ce n'était pas si mal, surtout si certains élèves du nouveau collège étaient comme ceux que j'avais quittés. De toute façon, je sais que je suis différente des gens de mon âge, donc ils ne m'attirent pas.

Nous étions presque arrivés, quand, devant la poste, j'ai vu au loin la principale de mon ancien collège. J'ai carrément marché de travers pour être certaine qu'elle ne me voie pas. Je n'avais pas du tout envie de la croiser, qu'elle me demande comment j'allais. C'est beaucoup à cause d'elle si j'ai changé de collège. Je pense qu'elle n'a pas été d'un grand soutien face à mes harceleurs.

Quand nous sommes arrivés au théâtre, elle était de nouveau là. J'ai bien vu qu'elle essayait de me sourire, d'avoir un contact avec moi. J'ai tout fait pour l'éviter.

Nous sommes entrés dans la salle classe par classe. Quand notre tour est arrivé, j'ai constaté que les troisièmes de mon ancien collège étaient déjà tous installés. J'ai commencé à monter les marches. Je me souviens que deux élèves m'ont dit : « Ben alors, Noémie, tu as changé de collège ? » J'ai répondu, un peu énervée : « Mais non, jure ! » C'était ironique. Ça voulait dire : « Ça ne se voit pas ? »

Ensuite, un autre élève assis à l'autre bout de la salle a crié : « Noémie ! » Je n'y ai pas prêté attention. Je ne voulais surtout pas me faire remarquer. Ni par les anciens, ni par les nouveaux.

J'avais l'impression que tout le monde me fixait. J'ai quand même croisé le regard surpris de Louise*, une fille avec laquelle j'avais été amie mais qui s'était mise du côté de ceux qui m'ont harcelée. Elle avait l'air stupéfaite. Les autres, je ne les ai pas cherchés, et ils ne se sont pas manifestés.

Je me suis assise, Alice est venue me voir. Elle était ma seule amie dans mon ancien collège. Dans la même classe que moi, elle avait été harcelée elle aussi, d'une façon très différente de la mienne. J'en reparlerai. Pendant que nous discutions, quelqu'un a demandé : « Mais alors, c'est qui la nouvelle ? » C'était un élève de mon nouveau collège qui n'était pas dans ma classe.

La lumière s'est éteinte, la pièce a commencé. C'était en anglais, je n'ai rien compris. À la fin, nous sommes retournés au collège. J'ai fait le trajet du retour toute seule, sans parler à personne.

Une fois arrivée, comme je ne savais pas quoi faire, je me suis mise contre un mur dans le hall. Deux ou trois groupes sont venus me demander si j'étais nouvelle. J'ai répondu « oui » et ils sont repartis.

---

* Tous les prénoms et noms des protagonistes ont été modifiés afin de garantir leur anonymat.

C'était l'heure de la cantine. Dans la queue, des filles ont voulu savoir qui j'étais. Je leur ai dit que j'étais nouvelle. Elles m'ont proposé de manger avec elles. J'ai accepté mais je leur ai dit : « Faites comme si je n'étais pas là. »

CHAPITRE 1

Ce que nous sommes

(Par Gérard et Marie-Frédérique)

GÉRARD — À supposer que la normalité existe sur cette planète Terre terriblement anormale, disons que nous sommes une famille à peu près normale. Deux parents, deux enfants, Robin, seize ans, et Noémie, quatorze (au moment des événements), un écart d'âge habituel. Le fait que j'ai fêté mes cinquante-six ans le lendemain de la naissance de Robin est un peu moins ordinaire. Lorsque Noémie a vu le jour, j'en avais cinquante-huit. J'y reviendrai, mon grand âge n'étant pas neutre dans cette histoire.

Une famille normale, donc, pas recomposée mais « décomposée », avec deux autres enfants à l'affiche. Et surtout, une famille chanceuse. Nous habitons une maison dans l'ouest de la banlieue parisienne. Ô combien bourgeoise, la ville charmante qui nous abrite est réputée pour sa tranquillité. Pour ajouter à ce bien-être, nous possédons depuis 2017 une résidence secondaire dans les Deux-Sèvres. Un véritable luxe. Nous sommes aisés et privilégiés. Ce n'était pas forcément inscrit dans nos gènes.

Mon père est arrivé en France à l'âge de huit ans, en 1931. Il venait de Pologne où l'antisémitisme n'était pas simplement rampant. Sa famille s'est installée à Reims. Il a appris le français à l'école laïque et républicaine. Il m'a plusieurs fois raconté que pendant les cours, l'un de ses maîtres avait l'habitude de faire venir l'un ou l'autre des enfants de la classe sur ses genoux et qu'il glissait une main dans sa culotte. Je ne sais pas s'il a fait partie des tristes élus. Il ne me l'a jamais dit et par pudeur je n'ai jamais osé le lui demander. C'était une autre époque, bénie pour les déviants. Comme le curé, l'instituteur était intouchable, et l'école une forteresse imprenable. J'ai failli écrire inviolable. Ses secrets demeuraient des secrets. Les temps ont changé.

Quand j'étais enfant, papa était confectionneur à façon. Pendant le jour et souvent une bonne partie des nuits, il fabriquait des pulls dans un atelier situé dans le fond de l'appartement où nous habitions, dans le centre de Paris, où je suis né en 1951. Elle aussi juive d'origine polonaise, maman était mère au foyer.

Ma scolarité n'a pas toujours été très studieuse ni très fameuse avant de finir par décoller sur le tard. Au moins n'ai-je eu à subir aucun dégât physique ou psychologique, ce qui, on le sait désormais, est l'essentiel. Je n'ai pas non plus été témoin de faits qui seraient aujourd'hui considérés comme répréhensibles.

Par la suite, papa est devenu commerçant. Grossiste en chemises. Maman a commencé à travailler avec lui. Nous avons déménagé dans Paris. Nous avons eu une salle de bains, puis une voiture. Sans le savoir, à la sueur du travail de papa, j'étais déjà monté dans l'ascenseur social. J'ai pu faire des études, d'abord d'histoire, puis de journalisme, une voie royale vers l'unique métier de mes rêves.

Mon XXe siècle a été intense. Un métier épanouissant, d'abord en tant que reporter, essentiellement à *France Football* et à *L'Équipe*, un nirvana pour un passionné de sport, puis au fil du temps en tant que responsable, au *Parisien* où j'ai été rédacteur en chef, puis à *L'Équipe* en tant que directeur adjoint de la rédaction.

Au mois d'août 1982, j'ai croisé la route de Marie-Pascale. Nous avons lié nos sorts. J'avais trente et un ans, envie d'avoir des enfants. Nous en avons eu deux : Judith est née en décembre 1983, Rodolphe en juin 1986.

Les années ont passé. Judith et Rodolphe ont grandi. Dans un premier temps, leur scolarité s'est déroulée sans grand problème. Au lycée, quelques mauvaises fréquentations, une certaine forme d'insolence qui cachait un mal-être existentiel et des relâchements dans le travail nous ont incités à inscrire Judith – et Rodolphe avec elle, par commodité et aussi parce qu'il se laissait un peu aller – dans une école privée non confessionnelle – un véritable havre de paix pour les élèves comme pour les parents. Pour des raisons professionnelles, déplacements ou bouclages tardifs du journal, je n'étais pas très présent à la maison. Par ce double changement d'établissement, je m'étais, d'une certaine façon, acheté une forme de sécurité, avec un excellent retour sur investissement : pas le moindre problème en deux ans pour l'une, quatre ans pour l'autre, deux bacs bien remplis et, pour Rodolphe, la rencontre avec la future femme de sa vie.

*

MARIE-FRÉDÉRIQUE — Je suis née à Marseille en décembre 1968. Papa était facteur ; ses parents étaient de modestes paysans du Berry. Maman était d'une origine plus bourgeoise : son père était fondé de pouvoir au Crédit lyonnais. Appelons cela une mésalliance. Mon père n'a jamais été bien accepté par sa belle-famille.

Après Marseille, papa a été nommé à Orléans où il a passé des concours qui lui ont permis de gravir quelques échelons. Il a fini sa carrière comme directeur adjoint départemental de la poste du Loiret.

Avec mes parents et mes deux grands frères, nous vivions en location à Saran, le temps que notre future maison soit construite à Jargeau, à vingt kilomètres d'Orléans. C'est là que j'ai fini mon école primaire et effectué mes quatre ans de collège avant de partir au lycée d'Orléans. Durant toutes ces années je n'ai jamais été confrontée, ni de près ni de loin, à ce que l'on appellerait aujourd'hui une affaire de harcèlement.

À onze ans, je suis entrée à l'école de musique de Jargeau. J'ai commencé par la clarinette. J'avais seize ans quand je suis passée au basson au conservatoire d'Orléans. Une fois mon bac en poche, j'ai décidé de rester dans le monde de la musique. Je me suis inscrite à la faculté de musicologie de Tours.

Après deux années au conservatoire national de région (CNR) à Paris, j'ai passé et réussi en 1993 le concours de basson du Conservatoire national supérieur de musique et de danse de Paris (CNSMDP).

Mon chemin professionnel s'est dès lors dessiné dans la musique. À la sortie du conservatoire, après l'obtention d'un premier prix, j'ai commencé à jouer dans des orchestres, notamment celui de l'Opéra de Paris et les concerts Lamoureux, tout en menant en parallèle une carrière d'enseignante en école de musique. Je suis actuellement professeur titulaire de basson au conservatoire Maurice-Ravel de Levallois. Parallèlement, depuis trois ans, je travaille dans la rénovation immobilière.

*

GÉRARD — Après coup, tous les épisodes de notre chemin de vie paraissent des évidences. J'accepte d'autant plus l'idée que ma rencontre avec Marie-Frédérique, en 2006, en était une, que je le pense sincèrement.

En 2000, une sorte de fin des temps, Judith avait seize ans et Rodolphe quatorze ans quand Marie-Pascale et moi nous sommes séparés.

Le 6 septembre 2006, j'ai rencontré Marie-Frédérique lors de l'anniversaire d'un ami commun.

J'ai vite compris qu'elle était seule. J'avais presque cinquante-cinq ans, une belle calvitie en étendard et un peu d'humour. À cette époque, j'étais hanté par des pensées aussi secrètes que déraisonnables de nouvelle paternité.

Marie-Frédérique avait à l'évidence l'âge idoine. Elle me semblait presque trop jeune. Et elle fumait. Pour moi, c'était éliminatoire. Quand elle m'a révélé son métier, musicienne, bassoniste, je n'en ai pas cru mes oreilles. Je suis un véritable fondu de musique et prioritairement de musique classique.

Je suis tombé amoureux dans l'instant.

*

Marie-Frédérique — Si elle n'était pas vide, ma vie affective ne m'avait jamais permis de construire une famille et le temps passant, j'imaginais que je ne serais jamais maman. Alors que j'avais vingt-deux ans, une voyante à l'ancienne, une sorte de Madame Irma, avait réalisé mon thème astral. Il disait notamment que j'aurais tardivement deux enfants, dont un « spécial ». Elle n'avait pas voulu me préciser le sens du mot « spécial ».

Les années passèrent. J'avais totalement oublié la voyante. En 2006, l'année de mes trente-huit ans, je vivais avec un homme qui s'était installé chez moi après quelques mois de relation chacun chez soi. Dès que nous nous sommes retrouvés à vivre ensemble, ma déception a été énorme. Il s'est avéré possessif et jaloux. J'ai eu beaucoup de mal à m'en débarrasser. Il a fini par s'en aller à la fin du mois de juillet.

J'étais encore très marquée par cette aventure acide lorsque, au tout début du mois de septembre, je suis allé à l'anniversaire d'un ami qui m'a présenté trois copains à lui. Durant toute la soirée, ils n'ont pas cessé de raconter des âneries. Rire m'a fait du bien. L'un d'entre eux, le plus âgé des trois, Gérard, m'a demandé mon numéro de téléphone. Ils l'ont tous noté, lui seul l'a utilisé. Il m'envoyait tous les jours un SMS. J'aimais les lire. Ils étaient originaux. J'y répondais mais je me demandais en quoi je pouvais intéresser un homme comme lui. J'ai accepté sans hésiter sa première invitation à dîner. Je ne me sentais pas trop à l'aise. Je ne savais pas vraiment quoi lui dire pour l'intéresser. À la fin du dîner, je me suis sentie bien. Gérard m'avait raconté sa première vie, parlé de ses enfants déjà adultes.

Il m'a invité à son anniversaire où j'ai rencontré ses enfants. J'ai beaucoup parlé sur le balcon avec sa fille Judith. Il m'avait demandé d'apporter mon basson. En partant, j'ai oublié ma bague que j'avais enlevée pour jouer. Je suis revenue le lendemain pour la récupérer. Nous avons parlé dix minutes sans faire preuve d'audace.

Trois semaines plus tard, je l'ai invité à un concert de l'orchestre Lamoureux dans lequel je jouais. À la sortie, je lui ai demandé s'il voulait venir chez moi. Il a accepté.

CHAPITRE 2

Notre Noémie

(Par Gérard et Marie-Frédérique)

GÉRARD — Notre histoire n'explique évidemment pas le drame qui pointe à l'horizon lointain, mais elle pose un contexte qui n'est pas sans importance pour sa compréhension. Le 31 décembre à minuit, j'ai demandé à Marie-Fred, c'est ainsi que tout le monde l'appelle, si elle avait envie d'avoir un bébé. Des larmes ont coulé sur ses joues, une vraie rareté. Elle venait de fêter ses trente-huit ans une semaine auparavant.

Robin est né le 27 octobre 2007 à Paris. Quelques jours m'ont suffi dans ce grand bouleversement pour comprendre que la nouvelle femme de ma vie allait être une mère exceptionnelle, pleine de force, de courage, de patience et d'attentions.

Nous ne pouvions pas en rester là. Elle s'est très vite déclarée partante pour une suite. Je n'imaginais pas Marie-Fred sans une petite fille. La chance nous a souri. Noémie est née le 20 novembre 2009. Judith allait avoir vingt-six ans, Rodolphe en avait vingt-trois. Tous les quatre ont toujours formé une fratrie formidable dans laquelle il n'y a pas de demi-mesure de sentiments.

Avec Marie-Frédérique, nous nous sommes mariés en juin 2011. Nos enfants ont été élevés dans un cadre confortable et bienveillant. Pas une dispute entre leurs parents durant toutes ces années. À peine parfois un léger agacement, vite oublié, pour une futilité. Nos différences nous protègent, nous n'évoluons pas à la même altitude. Moi, cérébral, distrait, la tête dans les nuages, ne sachant pas faire grand-chose. Elle, les deux pieds solidement ancrés sur notre bonne vieille terre, bricoleuse de génie, sachant faire face à tous les aléas de la vie quotidienne. Appelons cela de la complémentarité.

Robin nous avait imposé depuis deux ans le régime des nuits souvent hachées, compliquées et usantes pour les parents. Noémie allait placer la barre beaucoup plus haut. Pas immédiatement, au bout d'un an. Nous avons fait face bravement, parfois jusqu'à l'épuisement. Nous nous souvenons très bien de la première véritable nuit de Noémie, terme de cette interminable période : c'était en janvier 2013, elle avait trois ans et deux mois.

Après deux années pleines à la crèche, elle était désormais à l'école maternelle. Elle faisait déjà preuve d'un caractère prononcé. Tout le contraire de Robin, genre nounours qui adorait les câlins. Quand je voulais la prendre dans mes bras, elle me repoussait presque systématiquement et les baisers que je parvenais à lui donner étaient toujours plus ou moins volés. Chagriné par la situation, je me souviens avoir dit un jour à Marie-Fred : « Elle ne m'aime pas. »

J'acceptais l'idée générale qu'un enfant puisse ne pas aimer ses parents mais à condition qu'il y ait une cause identifiée. Là, je ne la trouvais pas. Je faisais de mon mieux. Intuitivement, j'ai mis ça sur le compte de la différence d'âge qu'elle me faisait payer.

Noémie était en grande section quand elle est devenue tata et Robin tonton. Hannah, la fille aînée de Judith, est née en mars 2015. J'étais grand-père pour la première fois (j'en suis à quatre petits-enfants), mais j'y étais préparé. Combien de fois Robin et Noémie, en plein chahut, n'ont-ils pas entendu un commerçant leur dire : « Il faut être gentil avec votre papy. » Avec quelles blessures secrètes pour eux ? Le record est à mettre au compte d'une professeure de gym de Noémie qui, devant elle, m'a demandé un petit service en commençant ainsi : « Vous direz à son papa... » Je lui ai répondu que c'était fait. Mais ça m'a embêté par rapport à Noémie.

J'ai pris ma retraite à l'automne 2016, j'avais 65 ans. Avec un enfant de presque neuf ans et une autre de bientôt sept ans à la maison, je n'ai pas connu l'angoisse d'un emploi du temps vide.

Le soir, je faisais les devoirs avec eux. Noémie prenait déjà cela comme une sorte de corvée. Robin était en CM2 lorsque je lui ai proposé de passer le concours d'entrée du lycée franco-allemand de Buc, un établissement public d'excellence. À sa grande surprise, et à la nôtre, il a été reçu. Il a effectué toute sa scolarité au LFA. Il est entré en terminale en septembre 2024. Aucune affaire profondément dérangeante, de harcèlement par exemple, ne s'y est produite au cours des six dernières années.

Il n'a jamais été question de simplement imaginer que Noémie puisse suivre la même voie. Elle n'avait ni le profil ni l'envie. Elle bloquait totalement sur les tables de multiplication. Le phénomène aurait dû nous alarmer, il a duré des années. Nous avons préféré l'accepter, en jouer et en sourire. Une véritable erreur.

De toute façon, je n'aurais jamais pu aider Noémie comme j'avais aidé Robin. Elle était rétive à mes conseils et à ma présence. Très proche de sa maman, elle maintenait avec moi une distance que je ne parvenais pas souvent à combler. Je ne l'en aimais pas moins de tout mon cœur. L'amour d'un père n'est ni négociable ni quantifiable.

J'aurais bien sûr préféré plus de tendresse et d'affection mais, pour avoir jadis imposé le même genre de traitement à mes parents, j'acceptais la situation. J'étais souvent interloqué par son comportement. Combien de fois ai-je dit à Marie-Fred, alors que Noémie n'avait que neuf ou dix ans : « C'est fou, elle a sauté la case préado. Elle est déjà ado. » Tout était matière à conflit et son esprit de contradiction était magistral. Il suffisait de lui dire blanc pour qu'elle réponde noir. Je me rassurais en constatant que ça collait bien entre elle et sa maman. J'adorais aussi son côté aventurier et audacieux.

Je me suis ému assez vivement quand, en CM2, elle a eu son premier téléphone portable. Je me suis retrouvé devant ce fait accompli qui me semblait prématuré. Cet appareil me paraissait inutile pour la localiser. Elle était soit à l'école, soit dans une activité extrascolaire, soit avec nous. Et intuitivement, je me disais qu'il était une bombe à retardement potentielle et incontrôlable. Il n'était pas indispensable d'être moderne pour évaluer le danger des réseaux sociaux, ce monde inquiétant où un nouveau forfait allait lui permettre de pénétrer dès la sixième. Je regardais Noémie comme une enfant de dix ans. Je me trompais. Aujourd'hui, je le sais, mais à quel prix.

Noémie avait des amies qui venaient souvent à la maison. Mais jamais plus d'une à la fois, sauf pour ses anniversaires. Exclusive et directive, c'est toujours elle qui imposait sa loi. Ses relations d'amitié se finissaient toujours mal. Je mettais ça sur le compte de chicaneries entre filles.

J'arrivais encore parfois à lui faire faire ses devoirs mais c'était un combat éreintant. Noémie ne travaillait pas et semblait s'en moquer éperdument. Elle n'était jamais joyeuse en partant au collège le matin mais je n'imaginais pas une seconde qu'elle y était malheureuse. Ses bulletins scolaires n'étaient pas nuls, et même parfois assez corrects. La majorité des professeurs précisaient que si elle acceptait de faire un effort, ses notes pourraient décoller vers le bien ou le très bien. Elle n'y tenait pas plus que ça. Enfermée dans sa chambre, elle passait le plus clair de son temps sur son téléphone, sans que l'on sache très bien sur quels types de réseaux. Après avoir tâté en parallèle, sans enthousiasme ni énergie, de la danse, du théâtre ou de l'athlétisme, elle s'était définitivement ancrée dans le monde de l'équitation, un sport qu'elle pratiquait depuis l'âge de cinq ans. Une passion ! Que demander de plus ? C'est tellement rassurant pour les parents.

Au collège, elle semblait plutôt évoluer au contact des garçons, tandis que quasiment toutes ses amies du club équestre étaient des adultes. De jeunes adultes certes, de dix-neuf à vingt-trois ans, mais des adultes tout de même, qui trouvaient, elles aussi, visiblement leur compte dans cette relation. En juillet 2023, elle est devenue vice-championne de France par équipe de saut d'obstacles dans sa catégorie d'âge et de monture. Un grand moment de fierté.

Entrée en troisième en septembre 2023, isolée, sans amies au collège après avoir fait le ménage autour d'elle pour des raisons qu'elle ne nous donnait pas vraiment ou qui demeuraient confuses, elle était telle qu'en elle-même : rétive au travail et souvent fermée comme une porte de prison. Je m'étais fait une raison. Je l'imaginais simplement paresseuse, ce qui ne me semblait pas bien grave. En réalité, j'étais passé complètement à côté de ma fille. Je ne l'avais pas vue telle qu'elle était réellement. Je ne la connaissais pas. J'avais été désespérément incapable de la comprendre et de l'aider. La vérité allait bientôt éclater, de sinistre façon.

*

Marie-Frédérique — L'arrivée d'une petite fille dans notre foyer fut pour moi un grand bonheur. Surtout à mon âge. Évidemment, deux enfants en bas âge au lieu d'un, c'est comme le marathon par rapport au semi-marathon. Pas deux fois, mais dix fois plus dur.

À deux ans, Robin ne faisait toujours pas ses nuits. Noémie fit les siennes assez rapidement. À deux ou trois mois peut-être. Et quand Robin finit enfin par s'apaiser un an plus tard, c'est elle qui prit le relais dans des proportions bien plus extravagantes. Ses terreurs nocturnes étaient intenses. Impossible de savoir si la fracture du crâne qu'elle avait subie à l'âge de quatorze mois, après une chute à la maison du haut d'une mezzanine, joua un rôle dans ce dérèglement du sommeil.

À la maison, l'énergique Robin occupait beaucoup d'espace. On se demandait comment Noémie allait s'y prendre pour se faire une place. Elle y parvint tranquillement en empilant simplement les bêtises d'une enfant de son âge. À l'école maternelle, elle se montrait timide, un trait de son caractère qui n'a jamais vraiment changé, mais plutôt joyeuse et spontanée. À la maison, ses éclats de rire étaient parfois tonitruants. Les maîtresses nous disaient du bien d'elle. Elle faisait partie de la catégorie « rien d'inquiétant ».

L'école primaire ne changea rien à cette situation. Un seul véritable souci : les tables de multiplication, son talon d'Achille. Nous n'arrivions pas non plus à lui faire apprendre ses poésies mais les maîtresses nous racontaient qu'en classe elle les récitait. Un vrai mystère.

Nous l'avons mise au piano. Elle n'a jamais vraiment accroché avant de raccrocher. Dans ses activités sportives ou culturelles extrascolaires, elle s'ennuyait. Une seule exception, le cheval, qui devint très vite une véritable passion. Avec les poneys, elle était totalement en confiance.

Nous étions très proches l'une de l'autre. Elle venait vers moi beaucoup plus spontanément que vers son père. Les conflits entre mère et fille ont pu commencer, le principal étant lié à son immense « bordélisme » et sa phénoménale capacité à dévaster sa chambre en quelques minutes seulement après qu'elle avait été rangée. Il existe des sources d'affrontement plus sérieuses, même si celle-ci est agaçante.

J'aurais pu parler de relation fusionnelle si je n'avais pas senti qu'il y avait en elle ce besoin permanent d'indépendance, de solitude, le même qu'en moi. Telle mère, telle fille. Je me suis souvent retrouvée seule. Non seulement ça ne m'a jamais dérangée, mais la situation m'a même paru parfois plutôt agréable.

Pourtant, tant qu'elle a été à l'école primaire, je ne l'ai pas sentie différente des enfants de son âge. Son caractère entier tel qu'il se développait ne me déplaisait pas. En revanche, dès qu'elle est entrée au collège, j'ai constaté qu'elle n'était plus tout à fait la même. Était-ce lié au changement de milieu scolaire ? Aux enfants qu'elle fréquentait alors, nouveaux pour la plupart ? Difficile à savoir. Toujours est-il qu'elle est très vite entrée dans des zones de conflit et d'inconfort relationnel pour des raisons qui, quand elle me les révélait, me paraissaient futiles.

Rien de grave en apparence, mais je sais désormais que ce qui n'est pas grave pour un parent peut l'être pour un enfant. J'en parlais avec elle. Je lui disais que le « tu n'es pas bien fringuée », le « ta coupe de cheveux est horrible » ou toute autre réflexion de cette nature n'avaient ni intérêt ni importance. Mais, même quand ces saillies de collégiens ne s'adressaient pas à elle, je voyais bien qu'elle en prenait ombrage, qu'elle en souffrait, qu'elle ne comprenait pas, qu'elle ne trouvait pas sa place dans ce milieu ambiant non dénué de violence, fût-elle simplement verbale.

Je constatais qu'elle préférait s'isoler. Mais c'est elle qui me paraissait normale, et les autres, comme elle le disait elle-même, « toujours dans des trucs de maternelle ». Je voyais bien qu'elle était différente. Je trouvais ça plutôt rassurant. J'épousais son discours et son comportement. Les discussions que j'avais avec elle, quand elle acceptait de discuter, ressemblaient à des échanges entre adultes. Noémie faisait plus que son âge. Je ne m'en inquiétais pas alors que cela aurait dû m'alerter.

Les années ont passé, sixième, cinquième, quatrième. J'ai bien vu évidemment que Noémie repoussait chaque soir le moment, non pas de se retirer dans sa chambre, mais d’éteindre sa lumière, très souvent bien au-delà de minuit. Elle était rivée à son téléphone. Un monde qui nous était inaccessible. Elle se levait facilement le matin, allait au collège et le soir ne nous disait pas grand-chose de sa journée. Elle me racontait qu’elle avait des copains et pas de copines parce que les garçons étaient plus francs. Elle ne cachait pas sa solitude au collège et son manque d’intérêt absolu pour le travail, sauf si le prof lui plaisait. Elle assurait le minimum au talent. Aucune raison majeure de trembler. Je me disais que bien travailler à l’école n’est pas l’unique garant d’une future réussite.

En septembre 2023, Noémie est entrée en troisième. Elle nous a dit qu’elle était contente parce qu’elle n’était pas dans la classe de Louise mais dans la même qu’Alice. Louise était une ancienne copine avec laquelle elle s’était déjà fâchée et rabibochée à plusieurs reprises. J’en avais même parlé avec sa maman et il ne nous avait pas semblé opportun de nous en mêler. Alice et Noémie avaient en revanche un très fort point commun que nous ignorions. C’est ainsi : qui se ressemble s’assemble. Pour le meilleur et, en la circonstance, pour le pire.

CHAPITRE 3

« J'ai toujours souffert au collège »

(Par Noémie)

Je ne me souviens plus très bien de l'école maternelle. Je me revois jouant dans une structure en plastique avec d'autres enfants. J'aimais dessiner. En grande section, j'ai peint un ogre ; il est toujours dans un cadre à la maison. Je ne me sentais pas timide, c'était plutôt l'inverse. Je pouvais parler à tout le monde. J'étais extravertie avec les autres, mais à la chorale je restais dans le fond et je ne chantais pas. J'étais gênée devant les parents. Là, oui, j'étais timide.

Je suis entrée à l'école primaire dans une classe mélangée : des CP et des CE2. Je me souviens que la prof s'occupait surtout des CE2. Pendant ce temps, elle nous donnait des jeux ou des petits exercices, mais moi, je préférais écouter le cours des plus grands.

J'ai commencé à faire du poney quand j'avais six ans. J'ai tout de suite aimé. Je me sentais mieux avec les poneys qu'avec les êtres humains. C'est difficile d'expliquer pourquoi.

En CM1 et CM2, on m'appelait « l'intello ». Ça me plaisait beaucoup. Je crois que je travaillais bien et que j'avais des bons résultats. Pourtant j'avais des difficultés en maths. Dans ce domaine, je n'ai pas beaucoup progressé. Je ne parvenais pas à apprendre les tables de multiplication, et j'ai toujours du mal.

J'étais en CM2 lorsqu'il y a eu le Covid et le premier confinement. J'ai adoré. La maîtresse a essayé de donner des cours en visio mais ça n'a pas marché. Ça m'a bien arrangée. Ensuite elle a envoyé des exercices par mail. Les devoirs à la maison me saoulaient. Papa ou maman m'obligeaient à les faire ; ils m'aidaient ou me surveillaient. Je ne sais pas si j'aimais l'école, j'y allais, c'est tout. En CM2, un animateur a lancé un cours de danse : toutes les filles de ma classe y participaient, sauf moi. Je trouvais qu'il y avait trop de monde, je ne voulais pas me mélanger. Je me retrouvais dans la cour avec des garçons – très peu allaient à la danse. Je préférais déjà être avec eux. J'étais très garçon manqué. Je m'habillais toujours comme eux, avec des joggings, et je parlais comme eux, plus durement que ne le faisait la majorité des filles.

Je n'ai jamais été attirée par les enfants de mon âge, mais je ne me disais pas non plus que je devais aller au contact des plus grands, qui n'ont d'ailleurs pas trop envie d'avoir des plus petits dans leurs bandes. Donc j'ai commencé à avoir des moments de solitude.

En soi, ça ne m'embêtait pas que mon père vienne me chercher le soir, mais les autres disaient toujours que c'était mon papy, et ça, ça me gênait. Il m'est arrivé de répondre : « Ben oui, c'est mon papy », mais c'était sur un ton ironique. J'imaginais que même les maîtresses pensaient ça. Je préférais largement que ce soit maman qui vienne me récupérer. Quand je disais que c'était mon père, les autres me demandaient toujours quel âge il avait et quand je le leur donnais, certains me disaient que même leur grand-père était plus jeune. Ça me faisait souffrir.

Avec papa, c'était toujours compliqué. Je ne peux pas dire que j'aurais aimé avoir un autre papa, mais au moins un avec lequel j'aurais été plus proche, avec lequel je me serais bien entendue. Avec lui, je ne faisais aucun effort. Au contraire, je faisais tout pour créer les problèmes et quand ils survenaient, je faisais mon étonnée : « Je ne comprends pas pourquoi tu m'engueules tout le temps. » J'étais dans le conflit et n'avais jamais de geste d'affection pour lui. J'avais toujours tendance à le repousser. À la maison, j'étais beaucoup plus proche de maman. Elle était bien plus jeune que papa et personne ne me faisait de réflexion sur elle.

Je reconnais que j'avais mauvais caractère et, comme j'avais un côté solitaire, je n'aimais pas qu'on vienne me parler, qu'on me pose des questions sur ma journée. J'envoyais bouler mes parents. J'étais, et je suis toujours, têtue. Quand on me demandait quelque chose, je répondais systématiquement le contraire de la réponse non seulement attendue mais parfois évidente. Je faisais pareil à l'école avec les autres élèves, mais je n'avais pas l'impression qu'ils me rejetaient. Pourtant, parfois, je faisais vraiment tout par mon comportement pour les éloigner, pour qu'ils me laissent tranquille. Une semaine après, je revenais vers eux, puis le scénario se reproduisait. J'avais déjà des relations compliquées.

Le dernier jour de CM2, presque toutes les filles pleuraient. Elles étaient tristes de quitter l'école primaire. Moi je n'étais ni heureuse ni malheureuse. Je m'en fichais totalement et je trouvais normale l'idée d'aller au collège. Je sentais que je grandissais et qu'il fallait que je change de milieu. J'étais même plutôt excitée à cette perspective.

À mon entrée en sixième, tout allait bien. J'étais contente de recroiser ceux qui venaient de mon école primaire. Dans ma classe, ma seule copine, Prisca, était déjà avec moi en CM2. On se retrouvait souvent pour jouer ensemble en dehors de l'école. J'avais une autre copine, Louise, qui avait été aussi avec moi en CM2 mais elle n'était pas dans la même classe que moi.

Lors du deuxième confinement, à l'automne, j'ai été aussi heureuse que pour le premier. Ça m'arrangeait bien de ne pas aller au collège : on n'avait pas vraiment de cours en visio, je n'avais pas besoin de beaucoup travailler. C'était parfait. De toute façon, mes résultats étaient plutôt bons, 14-15 de moyenne, ce qui me suffisait largement. Ça ne m'incitait pas à faire des efforts.

Pendant l'année, je me suis fâchée avec Prisca, que je considérais comme ma meilleure amie, parce que j'avais entendu dire qu'elle racontait à tout le monde que je la harcelais. Un jour, j'étais assise toute seule dans la cour contre un mur quand une vingtaine de filles sont venues vers moi. Elles m'ont entourée et m'ont insultée. Elles ont dit aussi du mal de mes parents, qu'ils me donnaient une mauvaise éducation.

Je ne leur ai pas répondu. Quand tu es seule contre vingt, tu ne peux pas faire grand-chose. Je me souviens que Prisca se tenait à l'arrière du groupe, dont Louise faisait partie. Je me suis levée pour partir. Il y en a une qui m'a attrapée, m'a repoussée contre le mur pour m'empêcher de passer et m'a insultée. Je n'avais plus aucune copine au collège. Je me sentais seule.

Une fois, le grand frère de Prisca a menacé de s'en prendre à moi Après, quand j'allais au collège, j'avais peur de le croiser sur la route parce qu'il venait de la même direction que moi. Au moins, à l'intérieur de l'établissement, je savais que je ne risquais rien.

Bien sûr, je me demandais comment une telle situation avait pu exister et je ne trouvais pas de réponse. Je n'en ai jamais parlé à papa et maman.

Un jour, j'ai été convoquée par une surveillante, en présence de Prisca. Elle m'a demandé pourquoi je la harcelais ; or, je savais qu'elle adorait Prisca. J'ai répondu que je ne la harcelais pas. La surveillante m'a dit qu'elle avait une feuille sur laquelle Prisca avait soi-disant écrit tout ce que je lui faisais subir. J'ai demandé qu'elle me lise les raisons, elle avait l'air tellement sûre d'elle. Elle m'a juste dit que je relâchais les portes sur elle. C'était idiot, comme si elle était toujours derrière moi quand je franchissais une porte. Pendant la réunion, Prisca n'a pas prononcé un mot. De toute façon, à moi, elle n'avait jamais rien dit. Elle savait très bien qu'elle mentait. Finalement, la surveillante a continué à la défendre, mais comme elle n'avait pas d'arguments, elle a fait des remarques sur mon physique ; elle m'a demandé pourquoi je ne m'habillais pas normalement parce que j'étais en jogging.

Quelques jours plus tard, j'ai surpris une conversation téléphonique de maman. J'ai compris qu'elle parlait avec la mère de Prisca qui l'avait appelée pour se plaindre de mon attitude vis-à-vis de sa fille. Après avoir raccroché, maman est venue dans ma chambre pour m'engueuler. Forcément, j'étais en pleurs. Ça m'a fait du mal car rien n'était vrai et, en plus, c'était moi la victime.

À la fin de la sixième, pendant les vacances d'été, une copine de Prisca a publié une story sur les réseaux sociaux avec le screen d'une discussion entre elle-même et quelqu'un du collège que je n'ai jamais pu identifier. C'était une photo de moi. Je ne sais même pas comment elle l'avait eue. Elle se moquait de mon physique. Il y avait écrit par exemple : « Son front est plus grand que mon avenir » et : « Y a le Sahara devant mes yeux. » Évidemment, un certain nombre d'élèves du collège l'ont vue. Ça ne paraît pas grand-chose, mais quand on se moque de vous et que plein de personnes que l'on connaît le lisent, c'est très humiliant et ça vous exclut.

En cinquième, j'étais toujours aussi seule. On ne m'embêtait plus directement avec cette histoire de harcèlement, mais je voyais bien dans leurs regards que les autres me rejetaient et je savais très bien qu'elles m'insultaient dans mon dos. Du coup, j'allais plutôt vers les garçons, mais de toute façon je ne me sentais pas bien et je ne me suis jamais sentie bien. Je n'aimais pas le collège. Cette situation ne m'a sans doute pas motivée pour me mettre sérieusement au travail.

Au début de la quatrième, je suis redevenue copine avec Louise. C'est elle qui est revenue vers moi. À partir de là, notre relation a connu des hauts et des bas jusqu'au début de la troisième.

Il faut aussi savoir que, durant l'été 2023, j'ai renoué le contact avec Alice. Nous avions été ensemble en sixième. On s'était parlé, mais pas plus que ça. Elle n'avait jamais fait partie de la bande qui m'avait harcelée. On s'est dit que ce serait sympa si nous étions dans la même classe, ce qui a été le cas. J'ignorais qu'elle aussi, depuis plusieurs années, était victime d'un harcèlement que nous expliquerons plus tard.

Louise n'était pas dans notre classe mais, au début de l'année scolaire, notre relation était normale. Si nous n'étions plus vraiment amies, il n'y avait pas de problème entre nous. Et ma situation n'avait pas évolué. Je ne faisais partie d'aucun groupe.

J'étais tout de même proche d'un garçon du collège avec qui je parlais depuis les vacances d'été. Et puis, l'affaire a éclaté. Rien à voir avec ce que j'avais connu en sixième. Je n'imaginais pas qu'une telle chose puisse exister, donc encore moins qu'elle pourrait m'arriver. Je n'aurais jamais pensé non plus que ce garçon pourrait me trahir. Nous étions fin novembre 2023. Pour moi, ça a été le début de l'enfer.

CHAPITRE 4

La République avec nous

(Par Gérard et Noémie)

GÉRARD — Depuis le début du deuxième confinement, fin octobre 2020, pour des raisons de santé mentale et sur les conseils avisés de ma médecin, j'ai totalement coupé avec le monde terriblement anxiogène des médias télévisuels ou radiophoniques. Je me contente de la lecture quotidienne de *L'Équipe* et du *Parisien*.

Le 6 septembre 2023, j'ai donc appris après tout le monde, mais avec le même écœurement, la même désolation, que, la veille, Nicolas, un gamin de quinze ans, s'était suicidé dans sa chambre, à Poissy, dans les Yvelines, au bout d'un long processus de harcèlement scolaire et de délabrement mental. Il avait déjà tenté de mettre fin à ses jours en février et avait déclaré à sa mère en juillet qu'il souhaitait être enterré à Poissy. Trois élèves de sa classe de troisième s'étaient acharnés sur lui. Ils lui crachaient dessus, l'accablaient de sarcasmes ou d'injures du genre : « T'es pas beau, personne ne t'aime », ou : « Ta mère et ta sœur sont des putes. »

Les parents étaient allés se plaindre aux responsables de son établissement, le lycée Adrienne-Bolland de Poissy. Sans doute de façon véhémente. Comment le leur reprocher ? Le principal du lycée avait dans la foulée réclamé la « protection fonctionnelle » à laquelle ont droit les personnels de l'Éducation nationale qui se sentent menacés.

On se souvient de la suite. Le courrier envoyé à la famille le 4 mai par le « pôle Versailles du service interacadémique, affaires juridiques », autrement dit l'académie de Versailles, dans lequel on pouvait notamment lire ceci : « Les propos que vous avez tenus et le comportement que vous avez eu envers des personnels de l'Éducation nationale dont le professionnalisme et l'intégrité n'avaient pas à être remis en cause, sont inacceptables. Je les réprouve de la façon la plus vive. » Une missive devenue évidemment insupportable après le geste fatal de Nicolas.

Le 16 septembre, le nouveau et jeune ministre de l'Éducation nationale, Gabriel Attal, déclare : « Ce courrier est une honte. » Il révèle que cent vingt lettres de même nature ont été envoyées par cette académie à des parents, dont cinquante-cinq « problématiques ». « Problématique » est devenu un synonyme de « dramatique ».

L'affaire fait un énorme scandale. La rectrice de l'époque, qui n'est alors plus en poste, est contrainte de présenter ses excuses, affirmant qu'elle n'a pas eu connaissance du courrier qui aurait été directement envoyé en son nom par sa DRH.

Le 18 septembre, Gabriel Attal reçoit l'ensemble des recteurs et des rectrices du pays pour contrôler toutes les situations de harcèlement scolaire signalées l'année précédente. Il veut savoir comment elles ont été traitées et quelles réponses y ont été apportées.

Devant l'emballement de la machine médiatique, le 27 septembre, la Première ministre, Élisabeth Borne, préside une réunion interministérielle consacrée au harcèlement scolaire, dont l'objectif est de mieux prévenir les drames. Elle révèle les contours du plan envisagé par son gouvernement pour le combattre. « Ne minimisons pas ce que vivent les enfants », déclare-t-elle, avant de déplorer « le décalage qui existe entre ce que perçoivent les adultes et ce que vivent les enfants ».

C'est à qui ira de sa plus belle phrase. Le ministre de la Santé et de la Prévention, Aurélien Rousseau, affirme : « La lutte contre le harcèlement scolaire est un enjeu de santé publique. » « Réagir vite, c'est parfois sauver des vies », lance Gabriel Attal qui parle « d'un tsunami de témoignages ». « Nous avons échoué à protéger de jeunes victimes, scande-t-il. C'est pour elles que nous agissons, c'est pour leurs familles que nous nous engageons. »

Le ministre de la Justice, Éric Dupond-Moretti, annonce bientôt les mesures envisagées : le bannissement des harceleurs sur les réseaux sociaux, qui aura une action immédiate, puis sera confirmé ou non par décision de justice ; la saisine systématique du portable ; sa confiscation définitive s'il a été utilisé pour le cyberharcèlement. Jean-Noël Barrot, ministre délégué chargé de la Transmission numérique, évoque « une mesure qui permettra au juge en cas de cyberharcèlement scolaire de bannir pendant six mois les harceleurs des réseaux sociaux ».

« Pour la journée nationale de lutte contre le harcèlement, programmée le 9 novembre, deux heures seront banalisées dans toutes les écoles de France », conclut Gabriel Attal après avoir précisé qu'une cellule dédiée au harcèlement sera créée dans chaque rectorat avec des personnels formés.

Dans la soirée, le président de la République, Emmanuel Macron, rebondit sur les événements du jour lors d'un déplacement officiel en Corse. « L'école est un sanctuaire et nos enfants doivent être protégés, lance-t-il. Là, on va beaucoup plus loin et je m'en félicite. Tous les enfants qui subissent le harcèlement scolaire doivent savoir qu'ils sont soutenus par toute la République, par les corps enseignants. On est à leurs côtés. »

Comment ne pas applaudir des deux mains d'aussi belles intentions, d'aussi rassurantes déclarations, d'aussi fermes engagements ? Marie-Frédérique et moi avons suivi avec d'autant plus d'intérêt l'évolution de l'affaire que Noémie est collégienne et qu'elle n'est pas fan du milieu scolaire. Mais bon, ça n'arrive qu'aux autres. Nous avons la sensation d'être vigilants, nous ne sommes pas particulièrement méfiants.

Et le combat continue : le 9 novembre, les autorités prouvent qu'elles ne baissent pas les bras. La promesse faite par Gabriel Attal six semaines plus tôt est tenue. La « journée nationale contre le harcèlement scolaire » est très médiatisée. Ce jour-là, Élisabeth Borne et le ministre de l'Éducation nationale se rendent, en compagnie de Brigitte Macron, au collège Claude-Debussy à Paris pour y rappeler avec fermeté les grands enjeux et les éventuelles solutions exposés au mois de septembre précédent.

« J'ai voulu venir ici avec un message simple : celui de la mobilisation générale contre le harcèlement, déclare notamment la Première ministre. On le sait, le harcèlement est un fléau qui mine la vie de nombreux élèves. C'est donc pour ça que j'ai présenté et lancé en septembre un plan interministériel qui s'appuie sur l'Éducation nationale naturellement, mais qui mobilise aussi nos magistrats, nos personnels de santé et puis évidemment les plateformes. À partir d'aujourd'hui, les élèves du CE2 à la terminale vont répondre à un questionnaire. Ça permet de mesurer l'ambiance dans un établissement. Et puis ça permet à des jeunes qui sont victimes de harcèlement de prendre conscience que ce qu'ils vivent n'est pas normal et qu'ils doivent pouvoir être aidés… Il y a encore trop d'adultes qui ne sont pas conscients de l'impact du harcèlement sur nos jeunes. On entend trop souvent : "Ce sont des chamailleries entre enfants, c'est l'âge qui veut ça, ça va passer." »

En la relisant, je suis obligé de reconnaître que c'est exactement ce que j'ai longtemps pensé, sans doute parce qu'il est beaucoup plus confortable de fermer les yeux. Plus confortable certes, mais aussi tellement plus dangereux.

« Ne minimisons pas ce que vivent les enfants, conclut la Première ministre. Donc vraiment pour les adultes, le message c'est : "Il faut écouter, agir, ne pas minimiser." » Ces mots me reviendront à l'esprit quelques semaines plus tard quand nous nous retrouverons en pleine tourmente.

Gabriel Attal s'exprime également avec détermination dans les termes suivants : « Cette journée existe depuis huit ans. Cette année, pour la première fois, l'ensemble des établissements scolaires organise une action [...]. Pour avoir [...] des données actualisées, des données qu'on relaie souvent dans les médias, entre huit cent mille et un million de jeunes harcelés chaque année. Elles datent de 2011. À l'époque, il n'y avait pas TikTok, il n'y avait pas Snapchat, il n'y avait pas l'influence des réseaux sociaux qu'on a aujourd'hui sur le harcèlement. »

Il est bien là le cœur du sujet. Les maudits réseaux sociaux. Plus tard, bien plus tard, après son changement d'établissement, j'ai demandé à Noémie si elle se souvenait de cette journée du 9 novembre. Oui, elle s'en souvenait.

*

NOÉMIE — Le 9 novembre, le programme a été chamboulé pour que nous puissions consacrer deux heures aux problèmes de harcèlement. La première heure a été dirigée par la prof de français et un autre, j'ai oublié lequel, la seconde par la prof de français et celle de maths.

À cette date, il ne s'était encore rien passé pour moi. Ce qui est incroyable, c'est que tout a commencé deux semaines après cette journée. Comme si elle avait donné des idées à certains.

Pendant la première heure, nous avons dû répondre à un questionnaire sur feuille de façon anonyme. On nous demandait par exemple si on avait peur d'aller à l'école à cause d'un ou plusieurs élèves, ou si on avait peur sur le trajet de l'école. J'ai répondu « non ».

Dans la deuxième série de questions, on devait dire comment les choses se passaient à l'intérieur du collège. À la question : « As-tu été mise à l'écart dans la classe ou à la récréation par un ou plusieurs élèves ? », j'ai répondu : « Souvent. » Mais je parlais de ce qui m'était arrivé quand j'étais en sixième, et de la story avec ma photo sur les réseaux l'été suivant. À la question : « Est-ce qu'un ou plusieurs élèves racontent des choses fausses ou méchantes sur toi ? », j'ai aussi répondu « souvent », parce que ça n'avait jamais vraiment arrêté depuis le début du collège. C'est pourquoi aussi j'ai répondu « parfois » à la question : « Est-ce qu'un ou plusieurs élèves t'ont fait du mal exprès ? »

Les questions d'après concernaient Internet. On nous demandait si nous avions vu des messages insultants ou menaçants nous concernant, d'un ou plusieurs élèves sur un écran. J'ai répondu « non » parce que le harcèlement dont je parle dans ce livre n'avait pas encore commencé.

Ensuite, on nous interrogeait pour savoir comment on se sentait. J'ai dit que j'avais du mal à faire mes devoirs à cause de ce que je vivais à l'école – même si j'avoue que ce n'était pas la seule raison pour laquelle je ne les faisais pas. Encore une fois, j'avais en tête toute la période depuis la sixième. J'ai répondu « non » à la question : « As-tu mal au ventre ou à la tête à cause de ce que tu vis à l'école ? » Un mois plus tard, si j'avais eu la force de remplir ce questionnaire, j'aurais répondu « oui ».

J'ai coché « oui » aussi à la question : « Est-ce que tu te sens seule à l'école ? » Ce n'est pas parce que parfois on traîne avec quelqu'un qu'on ne se sent pas seul. Enfin, j'ai répondu « oui » à la question : « As-tu au moins une amie dans ton école ? » Je pensais à Alice. Et j'ai répondu « oui » à la dernière question : « Connais-tu un élève harcelé dans ta classe ? » Je pensais également à Alice.

Pendant l'heure d'après, on nous a projeté une vidéo mettant en scène des élèves harcelés et des harceleurs. Après ça, on nous a demandé de réagir. J'ai pratiquement été la seule à le faire. Sur la vidéo, les harceleurs étaient présentés avec des têtes de monstres. J'ai dit que bien sûr c'était des monstres mais que, dans la vraie vie, les gens que nous croisons ont des têtes normales et qu'il est impossible d'imaginer que certains sont des harceleurs. J'ai précisé qu'on ne pouvait pas se fier aux apparences. En fait, j'ai beaucoup parlé, j'étais en débat avec les profs. Les autres élèves ne sont quasiment pas intervenus. J'ai aussi dit que c'était bien de faire des vidéos mais que ce n'était hélas pas ça qui allait arrêter les harceleurs potentiels ou ceux qui harcelaient déjà.

C'était comme les affiches qu'on voyait partout dans le collège contre le harcèlement et qui n'empêchaient rien. La principale était contente qu'elles soient bien mises en avant sur les murs. Pourtant, j'ai constaté plus tard que, quand elle s'est trouvée face à ce genre de situation, elle n'a rien fait. Sur certains posters, on pouvait lire « non au silence », mais après, quand tu parles, on te laisse crever dans ton coin.

CHAPITRE 5

Prise au piège

(Par Noémie)

Le début de l'année scolaire avait été assez classique. J'avais donc renoué le contact avec Alice sur Instagram lors des vacances d'été, nous étions dans la même classe, contentes de l'être, mais pas plus proches que ça. Fidèle à mon habitude, je ne travaillais pas, ce qui n'empêchait pas les notes de ne pas être trop mauvaises. Suffisamment bonnes en tout cas pour ne pas inquiéter papa et maman. J'ai notamment eu un 16,5 sur 20 à une rédaction dont le sujet était : rédigez un autoportrait dédoublé à la manière de Jean Tardieu dans *Mon double*. J'avais notamment écrit : « [...] Si je suis d'humeur enjouée, aimable, honnête, généreuse, bienveillante, sociable, mon double sera donc le contraire : avare, hautaine, impatiente, associable, flemmarde. Les gens ont beaucoup de mal à savoir si c'est moi ou mon double qui parle ou qui fait l'action du moment. Le plus compliqué, c'est que je suis moi-même dans le déni...

Mon double et moi, c'est un peu l'ange et le démon. C'est comme une sorte de bipolarité... »

Au collège, je vivais ma vie en solitaire. Je traînais parfois avec des gens de ma classe, filles ou garçons, mais sans aucun lien étroit et uniquement à l'intérieur du collège. Je dois tout de même dire qu'au mois d'octobre, je me suis rapprochée d'Alice. Une de ses amies en a d'ailleurs été jalouse. Je lui disais qu'elle pouvait rester avec nous quand j'étais avec Alice mais elle ne voulait pas. Elle était exclusive. Elle est allée se plaindre aux copines de son village, qui, je le savais, harcelaient Alice depuis des années, en leur disant que j'étais toxique pour elle. Pourtant, si ça avait été la vérité, que j'étais toxique pour Alice, ça aurait dû leur faire plaisir. Mais, de toute façon, elles n'étaient jamais contentes.

À cette période, un incident s'est produit : à l'origine, Arthur, un élève d'une autre classe que la mienne. Je ne sais plus qui me l'avait envoyé, mais j'ai reçu un screen – une capture d'écran – sur lequel j'ai pu lire, et je sais que c'est Arthur qui parlait, il ne l'a jamais nié : « Y a tellement mieux comme fille que Noémie au collège. C'est une trans. Elle a une teube. » *Teube*, ça veut dire bite. À mon avis, il me kiffait mais il disait du mal de moi pour m'isoler et être le seul à pouvoir espérer me séduire. Là, c'était vraiment mal parti.

Un soir, à la fin du mois de novembre, Dylan, un garçon d'une autre classe mais que je connaissais, m'a envoyé un message sur Snapchat. On ne s'était plus adressé la parole depuis trois ans. Il a essayé d'entamer une conversation avec moi sur ce réseau social comme si on était amis. J'ai été un peu étonnée. Je lui ai demandé pourquoi il m'avait ajoutée sur les réseaux et s'il avait quelque chose à me dire ou à me demander. Il a été très évasif.

Puis il a commencé à me poser des questions bizarres du genre : « Est-ce que tu as des leds dans ta chambre ? », ou : « Est-ce que tu as un collier rose gold ? » Je sentais qu'il avait un truc à me dire mais je ne savais pas quoi. C'était vraiment étrange.

Il a fini par m'avouer qu'il venait de jouer sur *Fortnite* avec Kevin qui lui avait dit des choses étranges. J'avais discuté deux ou trois fois avec ce Kevin sur les réseaux sociaux. Je ne le connaissais pas personnellement. Il m'avait « dm » – ça veut dire qu'il était venu engager une discussion privée – sur Snapchat. Je ne sais pas comment il était tombé sur moi, sûrement par hasard, mais il se trouve qu'il connaissait Dylan et je le savais déjà à l'époque. Les rares discussions avec lui avaient été complètement banales. J'avais fini par le supprimer de mes réseaux parce que je trouvais qu'il était chiant et que nos conversations ne servaient à rien.

Ensuite, Dylan a fini par m'écrire que Kevin lui avait envoyé une vidéo soi-disant de moi dans laquelle on voyait un torse de femme ou de jeune fille nue, sans me donner plus de précision, et sur la vidéo on apercevait un collier rose gold et des leds. En même temps qu'il lui avait envoyé la vidéo, il avait dit : « Regarde, Noémie est une grosse pute. Fais tourner dans tout ton collège. »

J'ai dit à Dylan : « Je ne sais pas à quoi ressemble cette vidéo mais ça ne peut pas être moi. » Il m'a répondu qu'il me croyait et je me rappelle très bien lui avoir écrit : « Tu fais ce que tu veux de cette vidéo mais ça ne sert à rien d'aller en parler à tous tes potes. » La conversation s'est arrêtée là.

Le surlendemain, Dylan m'a renvoyé un message. Il me disait que Kevin avait dit à Ruben, un autre élève du collège, alors qu'ils étaient en train de jouer à *Fortnite*, qu'il avait une vidéo de moi toute nue, et qu'il avait demandé à Ruben de lui donner ses réseaux pour qu'il puisse lui envoyer. Or, Ruben avait refusé parce que ce n'étaient pas ses affaires.

Après ça, je ne sais pas comment, puisque Ruben et Dylan ont toujours nié que ce soit à cause d'eux, quelques personnes du collège ont commencé à être vaguement au courant de l'existence d'une vidéo. Parmi ces personnes, il y avait Nicolas, un autre élève avec qui je parlais souvent.

Jusque-là, je n'attachais pas trop d'importance à cette histoire. J'imaginais que Ruben et Dylan étaient assez matures pour ne pas aller plus loin. Je n'étais donc pas spécialement inquiète.

Tout a changé quand Louise est entrée dans l'histoire. Nous avions eu quelques différends en sixième, mais nous n'avions plus aucun problème de relation.

Je suis sûre que Louise n'a jamais vu la vidéo et je ne sais pas comment elle a été au courant. Mais un jour, Nicolas m'a rapporté qu'elle lui avait dit qu'elle n'avait pas de certitude sur l'identité de la fille figurant sur la vidéo mais que ça ne l'étonnerait vraiment pas que ce soit moi parce que j'étais bien le genre de personne à faire ça. Et elle ne l'a pas dit qu'à Nicolas, j'ai pu largement m'en rendre compte.

De plus en plus de gens étaient au courant. La rumeur circulait dans le couloir sur le thème « vidéo, Noémie à poil ». Personne n'avait vraiment de détails mais j'ai commencé à être très mal. Et connaissant la mentalité des gens au collège, je savais très bien que ça allait mal finir.

Je n'ai pas parlé de tout ça à maman. Ni à papa bien sûr. Ça me gênait beaucoup, même si je savais que ce n'était pas moi sur la vidéo. Je me suis toutefois confiée à Nina, une amie très proche du club d'équitation. Elle avait alors dix-neuf ans. Après m'avoir longuement écoutée, elle m'a dit qu'elle allait écrire à ceux qui me harcelaient.

Elle a d'abord envoyé un message à Ruben que je n'ai pas gardé. Ensuite elle a envoyé un très long SMS à Louise. Elle me l'a montré avant. Voici notamment ce qu'elle lui a dit : « Écoute Louise, je vais pas passer par quatre chemins avec toi, t'es une pauvre fille avec un complexe d'infériorité qui te pousse à faire des choses qui sont punies par la loi. Le harcèlement scolaire + le harcèlement sexuel est passible d'une peine de prison et d'une grosse amende, car oui même si toi aussi tu es une fille, si tu fais tourner des photos, tu seras punie par la loi. Ça t'a pas suffi de harceler ton ancienne meilleure pote en sixième ? Il fallait en plus que tu te mêles à cette histoire ?... Sincèrement, t'as pas honte ?? »

Louise lui a répondu immédiatement. Voici quelques extraits de leur très longue discussion :

Louise : J'ai fait quoi exactement ? Parce que j'ai fait tourner aucune photo et j'ai dû en parler deux fois maximum parce qu'on m'en a parlé. Donc je vois absolument pas pourquoi vous me mêlez à cette histoire.

Nina : Apparemment tu dis que tu as des preuves comme quoi ce sont vraiment les photos de Noémie ? À toi de me dire maintenant.

Louise : Alors de base moi je croyais Noémie et en vrai je m'en foutais un peu de l'histoire mais après on m'a dit plusieurs choses. Du coup on a supposé que c'était elle... Mais je ne vais pas ne pas répondre aux gens qui m'en parlent.

Nina : Eh ben si, tu les remballes. Tu leur expliques qu'ils sont des bouffons... Ça pourrait être toi, tu t'en rends compte deux secondes ?

Louise : Je sais très bien que ça pourrait être moi et je connais Noémie donc je sais qu'elle a pas besoin de ça en plus...

Nina : En parlant encore de ça même avec des gens qui sont déjà au courant et en disant que tu as soi-disant des preuves, tu entretiens encore plus le truc autour d'elle...

Louise : J'ai dit ce que je pensais sur l'histoire. C'est tout ce que j'ai fait.

Nina : Et t'en es fière, d'entretenir toute cette merde ? Je pense que tu te rends pas bien compte à quel point ça peut détruire une personne.

Louise : Si si, je m'en rends compte.

Nina : ... Tu l'enfonces bien sous terre...

Louise : Maintenant j'ai plus rien à voir avec Noémie... Elle s'est peut-être fait harceler mais pas par moi.

Elle a aussi envoyé un message à Kevin par Instagram. Là aussi elle me l'a montré avant. Le voici : « Tu ne me connais pas mais par contre je sais que tu as eu la brillante idée de prendre des fausses *nudes* et de faire croire que c'était celles de Noémie. Et en plus de ça de vouloir les faire tourner dans son collège. Cela s'appelle du harcèlement sexuel et c'est puni par la loi. Tes parents et toi risquez trente mille euros d'amende et deux ans d'emprisonnement minimum. Si tu ne souhaites pas avoir de problèmes avec la justice et que ta mère soit au courant je te conseille de vite arrêter tes conneries. » Ensuite elle a eu une discussion écrite avec Kevin. Ça a été assez violent.

J'ai vraiment pensé que les messages de Nina allaient aider mais pendant ce temps, au collège, la rumeur continuait de circuler. Un ancien copain d'Alice, qui était en quatrième, lui a mentionné l'affaire, et on lui a donc demandé comment il était au courant. Moi, je ne le connaissais pas personnellement. Il nous a dit qu'il en avait entendu parler dans les couloirs.

Comme la situation s'aggravait, une surveillante a vu que je ne me sentais pas bien. Lorsqu'elle m'a demandé pourquoi, je lui ai tout raconté. Elle m'a emmenée voir la CPE à qui j'ai répété toute l'histoire. Elle m'a conseillé d'appeler le 3018, c'est le numéro spécialement réservé aux cas de harcèlement scolaire.

Avec Alice, nous sommes allées dans une salle à côté où il y avait un téléphone fixe. J'ai composé le 3018, puis attendu très longtemps. Quelqu'un a fini par me répondre ; elle m'a demandé mon nom puis pourquoi j'appelais. J'ai commencé mon récit mais elle n'intervenait jamais, comme si elle s'en fichait complètement. Quand je m'interrompais, elle me disait : « Continue. »

Quand j'ai eu terminé, elle a raccroché sans rien me dire. J'ai vraiment eu l'impression que ça n'avait servi à rien. Il ne s'est rien passé.

Ensuite la CPE m'a dit qu'il fallait remplir un formulaire du 3018 et que c'était à moi et non aux parents de le faire. Elle m'a tout de même demandé si elle pouvait prévenir ma mère. Je lui ai répondu oui. Elle a donc appelé maman pour lui raconter toute l'histoire. Je ne lui en avais toujours rien dit, ça me gênait cette histoire de vidéo. La CPE lui a aussi conseillé de déposer plainte à la gendarmerie. Après, elle m'a aidée à contacter le 3018.

En premier, il faut donner une adresse mail ; j'ai donné celle de maman. Ensuite, parmi les questions, il faut expliquer la situation et donner les identifiants des comptes Instagram et Snapchat de la victime et des harceleurs. Quand on a voulu envoyer le formulaire, ça n'a pas marché. Il y a eu un bug informatique. Je l'ai refait le lendemain soir à la maison toute seule et ça a fonctionné. Par la suite, je n'ai en revanche jamais été contactée par quelqu'un du 3018. Jamais. Pour moi, ça n'a servi à rien.

Quand je suis rentrée à la maison, maman m'a parlé de l'option d'une plainte en gendarmerie. J'ai tout de suite été d'accord. Je ne croyais pas vraiment que cela suffirait pour mettre un terme à cette situation mais, au point où j'en étais, il me semblait important de le faire.

À la fin de cette semaine-là, donc avant que nous allions déposer la plainte, la CPE m'a convoquée dans son bureau, avec Dylan et Louise, pour une confrontation. Dylan s'est excusé en premier, puis il y a eu un gros blanc. Personne ne parlait. Pendant ce temps, tout le monde a commencé à fixer Louise. En rigolant, elle a dit : « Ah, parce que je dois m'excuser ? Mais je ne vois pas pourquoi, je n'ai rien fait du tout. » La CPE a insisté. Louise a dit plusieurs fois : « Bon, ben, je m'excuse, mais je ne vois pas pourquoi. »

La réunion s'est arrêtée là. Je suis repartie déprimée.

CHAPITRE 6

La découverte

(Par Marie-Frédérique)

Pendant les vacances de la Toussaint, nous sommes partis visiter le sud de la Corse avec une Noémie que je qualifierais de « traditionnelle » : très excitée de voyager et de prendre le ferry, mais absolument pas désireuse d'effectuer les excursions pédestres sur place. Deux fois, nous sommes allés marcher sans elle. Elle préférait rester seule à l'hôtel – enfin pas vraiment seule, avec son téléphone, classique.

Après la reprise des cours, le 6 novembre, je n'ai pas remarqué de changement particulier dans son comportement ou dans son attitude. Cela avait été le cas en sixième, quand elle revenait parfois du collège en pleurant à cause de ce qu'elle y subissait ; elle ne m'en donnait toutefois jamais la raison. Je ne pouvais donc rien deviner.

C'était une période où je travaillais beaucoup loin de la maison et parfois il m'arrivait de ne pas rentrer le soir, quand, par commodité, je choisissais de dormir sur mon lieu de travail. J'étais tout de même suffisamment présente pour me rendre compte que Noémie était telle qu'en elle-même, soit exubérante et volubile, soit totalement taciturne, mutique et enfermée dans sa chambre, sans qu'il soit possible de déceler à l'avance quelle posture elle allait adopter, la seconde étant très majoritaire.

Alors que je me trouvais sur l'un de mes chantiers de rénovation à l'Île-Saint-Denis, je suis tombée des nues le jeudi 7 décembre dans l'après-midi lorsque j'ai reçu un appel téléphonique en provenance du collège. J'ai cru en décrochant qu'il s'agissait d'un problème administratif, une signature ou un document à rendre et oublié. Pas du tout. C'était la conseillère principale d'éducation qui m'appelait pour me dire que Noémie était avec elle, dans son bureau, en larmes. Elle m'a précisé qu'il n'y avait pas eu d'accident, qu'il s'agissait d'un problème de harcèlement et que Noémie l'avait autorisée à m'appeler.

La CPE m'a expliqué que des photos d'une jeune fille nue circulaient sur certains téléphones d'élèves de l'établissement et que le nom de Noémie y était associé. Elle m'a aussi dit que certains la traitaient de « salope » ou de « sale pute », je ne me souviens plus très bien des termes employés. Elle a ajouté que c'était courageux de la part de Noémie d'être venue la trouver pour dénoncer ce qui se passait car ce n'était pas fréquent chez les enfants harcelés. Elle m'a également dit que Noémie faisait preuve d'une grande et surprenante maturité pour son âge, et que ce serait bien qu'elle consulte une psychologue.

J'ai immédiatement appelé Gérard pour le tenir au courant. Comme moi, il a été extrêmement surpris. Ce sont des choses dont on sait qu'elles existent mais auxquelles on n'est pas préparés, auxquelles on ne s'attend pas.

J'étais pressée et inquiète de rentrer à la maison pour constater l'étendue des dégâts. Pour voir dans quel état se trouvait Noémie.

Quand je suis arrivée, vers 17 heures, elle était dans sa chambre, sous sa couette, dans le noir. Je ne sais plus si Gérard était là. Je pense que oui mais il n'avait eu aucun contact avec elle qui était allée s'isoler dès son retour, et dans ces cas-là, son père sait qu'elle est inaccessible pour lui.

Je suis allée la voir. Entre deux sanglots et très en colère par instants, elle m'a raconté l'histoire. Un jeune extérieur au collège qui jouait en ligne avec un garçon du collège avait envoyé une photo – j'apprendrai plus tard qu'il s'agissait d'une vidéo – d'un corps féminin nu qu'une main caressait. Sur le moment, Noémie m'a dit qu'elle ne connaissait pas le garçon à l'origine de l'envoi. Ce n'est que plus tard qu'elle m'avouera qu'elle avait eu une fois un contact sur un réseau social avec ce garçon, contact qui, selon elle, était resté unique et auquel elle n'avait pas donné suite.

J'ai cru comprendre, mais elle avait beaucoup de mal à trouver ses mots, qu'un texte accompagnait les images et que des injures y figuraient qui étaient extrêmement blessantes et dégradantes. Forcément, tout n'était pas très clair.

Le plus gros de sa colère provenait du fait que ce n'était pas son corps qui figurait sur les photos. Il n'y avait pas de visage et elle n'acceptait pas que l'on puisse croire qu'il s'agissait vraiment d'elle alors qu'elle savait que c'était impossible. Sur ce point précis, je lui ai fait immédiatement confiance. Je savais qu'aucune photo ou vidéo de Noémie nue existait. Bien sûr, on peut toujours se tromper et il faut s'obliger à douter, même de ses enfants, surtout quand ils passent des heures et des heures sur leurs écrans. J'ai donc insisté auprès de Noémie pour qu'elle me confirme que ce type d'images d'elle n'existait pas, ce qu'elle a fait. Je lui ai par la suite reposé plusieurs fois la question, jusqu'au jour où je me suis rendu compte que cela l'attristait terriblement. Elle ne comprenait pas que je puisse simplement imaginer ne pas lui faire confiance.

Le pire pour Noémie, comme elle allait aussi me le confesser, était qu'un groupe de filles ne faisant pas partie de sa classe, à une exception près, avait épousé la cause des harceleurs. Louise, qui avait longtemps été son excellente amie, en faisait partie, et pas qu'un peu. Ces filles prétendaient de façon diffamatoire que c'était bien Noémie qui figurait sur les images, ce qui, toujours selon Noémie, aux dires de Louise, n'était pas une surprise puisqu'elle savait très bien que « Noémie était une pute ». Toutes ces élèves, qui, comme par hasard, étaient les mêmes que celles qui lui avaient déjà pourri la vie en sixième, ne cessaient, m'a-t-elle dit, de l'invectiver dans la cour et de se moquer d'elle dans des termes injurieux et humiliants.

Le vendredi 8 décembre, je suis partie dès huit heures au collège avec Noémie. J'ai senti qu'avoir parlé lui avait fait du bien. Je savais que beaucoup d'enfants harcelés n'osaient pas informer l'encadrement scolaire, et encore moins leurs parents, du drame qu'ils étaient en train de vivre, ce qui accroissait considérablement le danger les concernant.

Nous sommes directement allées voir la CPE. Elle m'a de nouveau raconté le déroulement des faits en me redonnant tous les détails. Elle avait vu les images mais elle n'a pas voulu me les montrer en me disant qu'il n'était vraiment pas indispensable que je les voie.

Elle nous a reparlé du 3018 en m'expliquant ce dont il s'agissait : un numéro « dédié aux jeunes victimes et aux témoins de harcèlement et de violences numériques ».

Plus tard, je me suis renseignée sur ce numéro. Le 27 septembre 2023, le 3018 est devenu « le numéro d'appel unique pour alerter et signaler des situations de harcèlement à l'école et de cyberharcèlement subis par des mineurs ». La page d'accueil du site précise qu'il « dispose d'une capacité d'intervention unique en France [...] pour obtenir la suppression des contenus ou comptes préjudiciables en quelques heures ». Cela n'a absolument pas été le cas.

En tête du formulaire, il est précisé : « Nous vous tiendrons informés de l'avancée de votre demande par e-mail. » Six mois plus tard, nous attendions toujours d'être recontactés.

J'en reviens à cette matinée du 8 décembre. Noémie est retournée en classe suivre les cours tandis que je suis restée pas loin de deux heures avec la CPE. Elle m'a expliqué qu'elle avait averti ou qu'elle allait avertir tout le monde : la principale, l'infirmière, la psychologue scolaire, ainsi que son ancienne professeure de français, dont Noémie était restée proche. Elle m'a bien sûr parlé des jeunes harceleurs dont Noémie lui avait donné les noms en me précisant qu'ils étaient trois ou quatre, tous des élèves de troisième, mais pas dans la même classe que Noémie. Elle m'a également dit que le jeune extérieur au collège, qui était à l'origine de l'envoi des images, était identifié. Elle m'a transmis son prénom et son nom de famille.

La CPE m'a ensuite informée de l'existence de la cellule pHARe, le programme de lutte contre le harcèlement à l'école. Cette cellule a été mise en place par le ministre de l'Éducation nationale, Jean-Michel Blanquer, en 2020. Chaque établissement doit compter au moins cinq membres du personnel formés sur la question.

Sur le moment j'ai été un peu rassurée et surtout confiante dans le fait que l'établissement allait prendre les choses à bras-le-corps, convoquer les harceleurs et les sanctionner, ce qui, je l'avais très vite compris, aurait été primordial, presque vital pour Noémie.

Pour finir, la CPE m'a conseillé d'aller porter plainte à la gendarmerie en me disant que ce serait mieux que ce soit une femme qui enregistre la plainte. Elle m'a donné le nom d'une gendarme exerçant dans une commune voisine de la nôtre. Dès mon retour à la maison, j'ai appelé la gendarmerie pour prendre un rendez-vous. Il nous a été accordé pour le mardi suivant. J'ai vérifié auprès de Gérard qu'il était disponible pour accompagner Noémie ce jour-là car j'étais prise par un engagement professionnel.

Noémie était soucieuse mais soulagée parce qu'elle voyait qu'on s'occupait d'elle et de la situation. Elle avait vraiment l'espoir que tout cela s'arrête très vite. Je lui ai dit que nous avions pris rendez-vous à la gendarmerie en lui demandant si elle était toujours prête à témoigner. Je lui ai fait savoir que ce ne serait pas un moment facile car elle allait devoir tout raconter à une personne qui n'était pas obligée de la croire. Elle m'a confirmé qu'elle était totalement décidée à y aller pour rétablir la vérité. Le mensonge, c'est ce qu'elle ne supportait pas, sans parler de la malveillance qui allait avec.

Par chance, la semaine suivante était consacrée au stage des troisièmes en entreprise, ce qui allait momentanément éloigner Noémie du collège et de ses bourreaux. Savoir qu'elle n'irait pas en classe le lundi la soulageait. Ce stage, elle avait obtenu de l'effectuer dans son club hippique. Elle allait donc provisoirement pouvoir se changer les idées en retrouvant ses chevaux adorés dont elle aime tant s'occuper. Elle pourrait ainsi se préparer aussi sereinement que possible, mais pas sans angoisse, au rendez-vous à la gendarmerie pour y déposer plainte.

CHAPITRE 7

L'épreuve de la plainte

(Par Gérard et Noémie)

GÉRARD — Ce n'est que le 7 décembre que j'ai pu constater les premiers et déjà énormes dégâts provoqués par l'ovni qui venait de percuter de plein fouet Noémie et notre famille. Ce jour-là, Marie-Fred m'a appelé pour m'informer, sans m'en donner tous les détails, de ce qui arrivait à Noémie depuis un certain temps. Sur le moment, j'ai eu du mal à évaluer les effets dévastateurs de la situation. On espère toujours échapper au pire. Quoi qu'il en soit, très vite, notre existence, habituellement si tranquille, s'en est trouvée chamboulée.

En ce 12 décembre, c'est avec une sombre Noémie que je me dirige en voiture vers la gendarmerie de la ville. Cela fait partie des moments de notre vie où la réalité est distanciée, où l'on a l'impression d'être hors sol, comme dans un film. Marie-Fred est partie tôt ce matin sur un chantier. C'est elle qui a pris le rendez-vous. « Tu verras, c'est une femme gendarme, m'a-t-elle dit. Pour une ado victime d'un harcèlement à connotation sexuelle, c'est préférable que ce soit une femme qui enregistre les déclarations. »

Tarabusté par de préoccupants ennuis de santé, je traverse une période d'égocentrisme. Je ne suis pas encore vraiment immergé dans l'histoire, qui est l'apanage de Noémie et de sa maman. Marie-Fred m'en a évidemment reparlé deux ou trois fois après le 7 décembre. J'avoue que je n'ai pas été très réceptif. Ça m'arrange bien de savoir qu'elle gère le dossier en direct avec Noémie qui, elle, ne m'en a évidemment jamais dit le moindre mot. Je mets cela sur le compte de notre relation complexe. Le fil qui nous relie est ténu. Et puis l'affaire est récente. Je ne connais même pas vraiment les détails du harcèlement dont elle est victime sinon qu'il a un caractère sexuel. Je crois encore qu'il s'agit d'une photo et non d'une vidéo, et que son nom apparaît en incrustation sur le document. En tout cas, la mission qui m'est confiée est claire : déposer une plainte contre des enfants. Ce n'est pas rien.

Assise à côté de moi, Noémie est muette. Comme presque toujours lorsqu'elle est en ma compagnie, elle est concentrée sur son téléphone. Je lui demande si ça va aller. Elle ne me répond pas ou bougonne quelque chose d'inaudible. Je n'insiste pas. Je me sens très mal mais je suis aussi habité par un fol et naïf espoir : ce que nous allons faire dans les minutes qui suivent va peut-être suffire pour stopper l'escalade en cours, pour ramener tout le monde à la raison, pour m'éviter d'avoir à me plonger avec énergie et volonté dans cette affaire. Je ne m'y sens pas prêt. Elle me dérange.

Je gare la voiture à une cinquantaine de mètres de la gendarmerie. Il est huit heures cinquante-cinq. Nous avons cinq bonnes minutes d'avance. La pluie fine qui nous pénètre ajoute au tragique de la scène. Nous attendons en grelottant, de nervosité autant que de froid.

À l'heure dite, je sonne. Il ne se passe rien. Je n'ai sans doute pas appuyé assez fort ; je sonne une nouvelle fois. La porte de la gendarmerie finit par s'ouvrir sur un homme en uniforme. Il nous interroge de loin sur les raisons de notre présence. Je lui explique que nous avons rendez-vous avec l'une de ses collègues. Il déclenche le mécanisme de la grille qui se lève.

Le gendarme nous invite poliment à entrer. Noémie n'a toujours pas desserré les dents. Voilà, nous sommes là où nous n'aurions jamais voulu être, surtout pour un tel motif, et le moment à venir s'annonce redoutable. Ça n'arrive donc pas qu'aux autres.

Le gendarme nous a demandé de nous asseoir dans la pièce d'accueil au centre de laquelle se trouve une table entourée de chaises. Nous nous sommes installés, toujours sans échanger le moindre mot. J'aperçois, affichées sur un mur, les photos de personnes, adultes et enfants, qui se sont volatilisées et que l'on recherche. Certaines ont disparu depuis si longtemps, des dizaines d'années, que des issues dramatiques sont évidentes. Ça ne donne pas le moral.

Quelques instants plus tard, une gendarme apparaît dans la pièce. Elle est jeune, ce qui me rassure. Je trouve que c'est mieux pour Noémie. Elle nous dit qu'elle va nous recevoir tous les deux et que c'est à nous de voir si nous souhaitons être ensemble pendant nos interrogatoires respectifs. Je n'avais pas anticipé la question. Je croise le regard de Noémie sans y trouver de réponse. Je lui demande ce qu'elle préfère : elle choisit d'être entendue seule, ce qui ne me surprend pas vraiment et me fait surtout bien comprendre que ce n'est pas maintenant que je vais en apprendre beaucoup plus.

À tout hasard, j'avais apporté le dernier numéro de *France Football*. J'ai pu le lire pratiquement en entier avant que Noémie ne réapparaisse.

*

NOÉMIE — Quand nous sommes partis avec papa pour la gendarmerie, j'étais bien sûr stressée. J'avais du mal à imaginer comment ça allait se passer. Lorsque la gendarme m'a demandé si je préférais répondre à ses questions seule ou en présence de papa, j'ai choisi d'y aller seule. Je crois que c'est parce que je savais que papa n'était pas très au courant de l'histoire. Elle ne faisait que commencer. À cette époque, il n'y avait que trois harceleurs identifiés. Il y en aura beaucoup plus après.

Je suis restée peut-être trois quarts d'heure avec elle. Ce qui m'a le plus marquée et le plus énervée, c'est qu'à chaque fois que je citais le nom d'un harceleur, elle me demandait s'il avait une raison de m'en vouloir. Pour moi, ça voulait dire que les harceleurs pouvaient avoir de bonnes raisons d'agir comme ils le faisaient. Ils n'ont jamais de bonnes raisons.

Elle m'a demandé de décrire la vidéo, dont j'avais beaucoup entendu parler mais que je n'avais pas vue. Ça m'a mise mal à l'aise. Je me suis demandé ce que je faisais là. D'un côté, j'avais un peu honte de faire cette description et de l'autre, non, puisque je savais bien que ce n'était pas moi qui figurais sur ces images.

Elle m'a demandé aussi les noms de famille des harceleurs et leurs numéros de téléphone. Je les avais, je les lui ai donnés. Je lui ai parlé de Nina, du club hippique, qui était la première à qui j'avais raconté l'histoire, avant même d'en parler à maman. Elle m'a aussi demandé son numéro de téléphone.

À la fin, elle m'a demandé si je voulais porter plainte ou que papa porte plainte, je ne sais plus. Je lui ai dit oui.

Quand nous sommes repartis, j'étais contente parce que je me disais qu'après ça, on ne pouvait rien faire de plus pour que le harcèlement s'arrête. Il fallait juste attendre que ça finisse et peut-être que l'intervention des gendarmes, si elle avait lieu, pourrait aider. En vérité, je n'en savais rien.

*

Gérard — Noémie est ressortie du bureau. Son visage était toujours aussi inexpressif mais, en ma présence, il l'est très souvent. Au moins n'avait-elle pas l'air détruite par l'heure qu'elle venait de vivre. À mon tour d'entrer dans le bureau pour y être interrogé. Tout ce que je dis est noté. En relisant le rapport de l'audition qui m'a été adressé, je m'aperçois que je n'ai pas été à la hauteur. Bizarrement, le rapport de l'audition de Noémie ne nous est jamais parvenu. C'est pourquoi j'ai fait uniquement appel à sa mémoire. Bien plus tard, j'ai écrit à la gendarmerie pour le récupérer, je n'ai pas reçu de réponse. Dans toute cette histoire, les réponses sont extrêmement rares.

Cette audition est un moment étrange durant lequel j'en viens à me demander si je suis là en tant que victime ou en tant que coupable. Certaines questions peuvent être dérangeantes. Certaines réponses peuvent mettre mal à l'aise. Elles relèvent parfois de l'intime. Je pense que ce jour-là, je n'ai pas assez soutenu Noémie, je n'ai pas été bon. Trop neutre, pas assez offensif. Je n'étais pas préparé à l'être, je n'avais pas l'énergie pour.

Voici les principaux extraits de cette audition qui a duré un quart d'heure tout au plus. L'intégralité m'en a été adressée le jour même par e-mail :

— Votre fille vous a-t-elle raconté les faits qu'elle nous a signalés ?

— Elle les a racontés à ma femme et ma femme m'a expliqué de quoi il s'agissait. Ma fille ne m'en a pas parlé directement.

— Que vous a dit votre femme ?

— Que ma fille était victime de harcèlement sur les réseaux sociaux où un corps nu apparaissait sans l'image de la tête mais avec le nom de Noémie associé. Elle m'a dit aussi qu'un élève du collège était concerné ainsi qu'un autre jeune en province. Ma femme a rencontré la CPE. Elle m'a dit également qu'une élève du collège avait traité Noémie de « sale pute ».

— Avez-vous remarqué un changement de comportement chez Noémie ?

— Non.

— Pouvez-vous décrire sa personnalité ?

— Elle est un peu bipolaire, exubérante par moments et très secrète à d'autres.

— A-t-elle un petit copain ?

— Pas à ma connaissance.

— Comment se déroule sa scolarité ?

— Je dirais normalement par rapport à l'exigence actuelle qui est assez faible.

— Noémie vous semble-t-elle entourée d'un point de vue amical ?

— Oui, elle a toujours eu des copines. En ce moment non, car elles sont fâchées. Mais elle semble avoir des copains. Elle ne traîne pas dehors. Elle rentre directement après les cours.

— Êtes-vous informé d'autres faits dont Noémie a pu être victime auparavant ?

— Non, de cette nature, pas du tout. Des fâcheries avec des copines, oui. Rien de grave à ma connaissance. Elle a plutôt des copines au cheval. Au collège, pas vraiment.

— À votre connaissance, quelqu'un a-t-il des raisons de lui en vouloir ?

— Des raisons de lui en vouloir, non. Je ne sais pas. Peut-être qu'elle a fait du mal à quelqu'un. Je ne peux pas savoir ce qui se passe au collège. Elle se confie plutôt à sa mère mais celle-ci me dit tout, donc s'il y avait un problème je le saurais.

— Noémie a-t-elle déjà été suivie par un psychologue ?

— Non.

— Accepteriez-vous qu'elle consulte un psychologue ou un psychiatre de l'unité médico-judiciaire dans le cadre de la procédure ?

— Oui. Forcément, si nécessaire.

— Souhaitez-vous déposer plainte ?

— Oui.

Dans la voiture, sur la route du retour, j'ai demandé à Noémie si elle était satisfaite de ce que nous venions de faire. Elle m'a répondu par l'affirmative. Je m'en suis contenté.

CHAPITRE 8

La phrase terrifiante de Noémie

(Par Marie-Frédérique)

Le lundi 18 décembre, une fois son stage terminé, Noémie est retournée au collège. Le soir, elle n'avait pas l'air bien. Le lendemain, en début d'après-midi, la CPE m'a appelée pour me dire que d'autres garçons avaient mis en ligne de nouvelles vidéos et qu'elle avait couru pour essayer d'intercepter les téléphones des élèves concernés avec un surveillant. Je crois me souvenir qu'elle m'a dit qu'ils y étaient arrivés mais je n'en suis pas certaine. De toute façon, m'a-t-elle précisé, elle ne pouvait pas obliger les élèves à déverrouiller leurs téléphones.

Elle a donc appelé les gendarmes qui, eux, avaient ce droit. Ils sont venus immédiatement, ont récupéré des téléphones et les ont fait ouvrir par leurs propriétaires. Ils ont pu voir les images et s'assurer de la véracité des faits.

Noémie m'a tout de suite parlé de cette seconde salve et m'a donné tous les noms. Elle était plus en colère qu'abattue. Le jeudi, je suis allée au collège pour voir la CPE qui était toujours ma seule interlocutrice. Je n'avais eu aucune nouvelle de la direction. À cette date, je ne savais même pas à quoi ressemblait la principale.

La CPE m'a expliqué de nouveau ce qui s'était passé le lundi et le mardi. Elle était remontée comme une pendule contre les harceleurs. Elle m'a dit qu'elle les avait dénoncés à la principale en lui racontant toute l'histoire et qu'elle attendait maintenant avec impatience qu'ils soient convoqués et sanctionnés. Ces sanctions seraient pour elle comme une preuve qu'elle s'était comportée comme il le fallait. Une forme de reconnaissance en quelque sorte.

Heureusement, les vacances arrivaient et avec elles l'éloignement du collège pour Noémie. C'était un soulagement pour nous tous. Les faits étaient encore récents mais déjà Noémie me disait qu'elle ne voulait plus croiser ses harceleurs, et pas seulement eux : « Y en a, quand ils me regardent, j'ai l'impression qu'ils me regardent à poil », m'a-t-elle dit. Elle savait que tout le monde au collège n'était pas au courant, mais comment faire le tri ?

Pendant les vacances, Noémie a bloqué la moitié de ses contacts sur les réseaux sociaux. Nous sommes allés dans notre maison des Deux-Sèvres. On ne peut pas dire qu'elle a passé de très bonnes fêtes malgré la présence d'une amie qu'elle s'était faite sur place quelques années auparavant. Elle ne mangeait déjà plus beaucoup, ça m'a sauté aux yeux pendant le réveillon.

À l'évidence, elle s'inquiétait à l'idée de retourner au collège. Elle tenait le coup en espérant que des sanctions seraient prises très rapidement.

Elle a repris les cours. Comme elle, j'étais en situation d'attente d'un signal de la principale. Elle était forcément au courant de toute l'histoire. Je ne comprenais pas qu'elle ne nous appelle pas. Je n'ai pas non plus essayé de l'appeler. La CPE me disait qu'elle lui remontait les infos ainsi qu'à l'infirmière et à la psychologue du collège qui, elle, n'est pas une permanente puisqu'elle travaille sur plusieurs établissements. Pour moi, il était impossible qu'aucune d'entre elles ne nous appelle. J'étais très naïve.

Peut-être aussi parce que j'étais dans l'action avec la CPE, je n'avais pas l'impression de ne rien faire ; elle me tenait au courant par téléphone de ses diverses interventions. Je l'ai rencontrée plusieurs fois. J'ai été très surprise de ce qu'elle me disait de Noémie : qu'elle était extrêmement courageuse d'être venue la voir, qu'elle avait une réflexion, une manière de s'exprimer et une maturité très au-dessus de la moyenne des jeunes filles de son âge. Ce qui expliquait sans doute en partie ses ennuis, une sorte de facteur aggravant. Noémie n'était pas dans la norme, donc elle n'était pas bien acceptée par les autres élèves. C'était la première fois que la question de la maturité de Noémie était mise en avant. Elle m'a aussi de nouveau conseillé de l'emmener voir un psychologue.

Pendant tout ce temps, l'état mental et physique de Noémie continuait de décliner, non seulement parce qu'elle était confrontée en permanence à ses harceleurs mais surtout parce que les sanctions n'arrivaient pas. Elle ne m'avait toutefois pas encore dit formellement qu'elle ne voulait plus aller au collège. C'est à cette période qu'elle s'est retrouvée double victime. En parallèle aux vidéos, un groupe de filles, toujours les mêmes depuis la sixième, a recommencé à la harceler. Le vendredi 19 janvier, Robin se produisait dans un concert avec les autres élèves de son cours de chant. Gérard nous a rejoints. Comme Noémie n'avait pas voulu venir et qu'elle était restée seule à la maison, j'étais très angoissée et du coup très énervée contre ceux qui ne faisaient pas grand-chose pour la sortir de cette situation. J'avais l'impression de me battre seule contre des moulins à vent.

Il ne se passait toujours rien du côté du collège. Pire encore, au cours d'une confrontation avec des harceleurs, le lundi 22, Noémie s'est une fois de plus retrouvée en position d'accusée.

Terrible signal d'alarme, le mercredi 24, elle a refusé d'aller à son cours de cheval. Quelque chose d'inimaginable encore quelques semaines plus tôt, vu sa passion pour l'équitation. Là, ça ne sentait vraiment pas bon.

Le jeudi 25, j'ai pété un câble. C'était une période où j'étais sous pression, en répétition toute la journée et jusqu'à une heure avancée de la nuit à l'Accor Arena de Paris pour le concert des pièces jaunes enregistré le vendredi 26. J'étais excédée devant l'inaction du collège.

J'avais l'impression d'un total désintérêt de la part de la direction. Je n'en pouvais plus.

Ce matin du 25 janvier, je suis allée à l'ouverture de l'établissement à huit heures avec Noémie. C'est en sa présence que j'ai d'abord vu la CPE qui était elle aussi très énervée. Elle voulait porter plainte à la gendarmerie contre tout ce qui n'allait pas dans ce collège. Elle m'a dit qu'elle avait fait un dossier gros comme un pavé. Pas seulement sur Noémie évidemment, sur toutes sortes de dysfonctionnements.

La CPE nous a proposé d'aller immédiatement chercher un professeur qui était responsable de la cellule pHARe. C'est ainsi que j'ai fait la connaissance de Monsieur Renoir, qui allait jouer un rôle essentiel par la suite. Il m'a dit qu'il avait vaguement entendu parler des problèmes de Noémie mais sans en avoir les détails. Puis il m'a expliqué quelles étaient les modalités d'action dans les cas de harcèlement. Il ne connaissait pas du tout Noémie qu'il n'avait jamais eue comme élève. Il nous a dit qu'il voulait l'entendre rapidement, et a pris directement rendez-vous avec elle pour le lendemain.

Enfin il se passait quelque chose. Quelqu'un prenait le dossier en main et surtout mettait en place le protocole prévu en cas de harcèlement. Un mois et demi après le début du calvaire.

Nous étions en train de discuter quand, à un moment donné, Noémie nous a interrompus pour me dire que la principale était au bout du couloir. C'était la première fois que je la voyais depuis le début de toute cette histoire. Je me suis dirigée droit sur elle. Après m'être présentée, je lui ai demandé quelles étaient les actions menées par le collège. Elle m'a répondu que « l'affaire suivait son cours ».

Je ne pouvais pas me satisfaire d'une telle réponse. Je lui ai dit qu'il fallait très vite que l'on passe à la vitesse supérieure. Monsieur Renoir a proposé de se rendre dans toutes les classes de troisième pour parler du harcèlement scolaire en général et du cas de Noémie en particulier, ainsi que pour expliquer à quelles sanctions disciplinaires ou pénales s'exposaient les harceleurs. L'idée a été adoptée. J'ai ajouté que ce serait bien si la direction pouvait envoyer un courrier à tous les parents des élèves de troisième afin de les tenir au courant des interventions de Monsieur Renoir et de la situation exacte de Noémie qu'ils ignoraient sans doute. Noémie était d'accord. Je voulais que ce soit la direction qui les informe plutôt qu'ils ne l'apprennent par leurs enfants, à supposer que ceux-ci leur en parlent, avec tous les risques d'inexactitudes que cela comportait. La principale m'a dit qu'elle allait y réfléchir. Cette lettre ne sera jamais envoyée.

À peine sortie du collège, j'ai téléphoné à Gérard pour tout lui expliquer. J'ai ajouté que je ne m'en sortais plus toute seule, que j'avais besoin de son aide.

Le lundi 29 dans la soirée, j'ai discuté avec Noémie, une conversation que j'avais déjà ébauchée plusieurs fois quand elle était en état de communiquer. Elle m'a reparlé de l'impossibilité, de plus en plus grande pour elle, d'être en présence de ses harceleurs et harceleuses, et ils étaient nombreux. Comme souvent, elle m'a dit qu'elle ne supportait plus la situation parce qu'elle avait l'impression que tout était fait pour qu'elle passe pour quelqu'un d'anormal, pour que ce soit elle la responsable de tout ça, celle qui foutait la merde. Plein de gens continuaient à affirmer que c'était elle sur les vidéos, ce qui pouvait laisser croire qu'elle était à l'origine de toutes ces embrouilles.

Elle était très en colère et très fatiguée. Elle m'a dit qu'elle avait mal partout, dans le dos, dans le ventre, dans les bras. J'ai constaté qu'après sa tête, son corps était en train de lâcher. Comme elle ne mangeait pratiquement plus, elle avait beaucoup maigri et ça se voyait. Elle flottait dans ses pantalons. Ce soir-là, je lui ai massé les jambes et les bras. C'est pendant ce massage qu'elle m'a dit, sur un ton très doux, cette phrase terrifiante qui m'a glacé le sang : « Je veux juste que tout s'arrête. »

Elle pouvait évidemment être comprise de différentes manières, au moins deux en tout cas. Mais quand vous êtes une maman et que votre fille se trouve dans un tel état de détresse, vous ne pouvez imaginer qu'un seul sens : le pire.

Le lendemain, je suis partie vers sept heures au boulot. Gérard m'a appelée vers neuf heures pour m'informer qu'il n'avait pas réussi à faire lever Noémie, qu'il lui avait demandé si elle voulait aller à l'école et qu'à l'évidence, même si elle ne s'était pas exprimée clairement, la réponse était non. Il lui avait aussi demandé si elle pensait pouvoir rester seule parce qu'il avait, en fin de matinée, un rendez-vous à l'hôpital qui pouvait durer un certain temps et elle lui avait dit oui.

Après le départ de Gérard, j'ai essayé plusieurs fois d'appeler Noémie sans succès. J'avais prévenu Judith, sa grande sœur, qui lui a envoyé de nombreux messages restés sans réponse. Et Gérard m'a dit que lui non plus ne parvenait pas à la joindre. J'étais au sommet de l'angoisse. On ne savait pas ce qui se passait et je pensais constamment à la phrase de la veille : « Je veux juste que tout s'arrête. »

J'ai de nouveau téléphoné à Gérard mais il était toujours bloqué à l'hôpital. Du coup, j'ai appelé un ami qui habite à une vingtaine de minutes en scooter de la maison pour lui expliquer la situation et lui demander s'il pouvait aller immédiatement chez nous. Il connaissait l'histoire et l'état de Noémie.

Il m'a raconté plus tard qu'il avait craint pendant tout le trajet de découvrir le pire. Vers dix-sept heures, quel soulagement quand Noémie m'a appelée pour me dire qu'elle avait dormi la journée entière, téléphone coupé, et qu'elle se réveillait tout juste quand notre ami était arrivé.

Dès mon retour, une demi-heure plus tard, Noémie s'est excusée d'avoir éteint son téléphone. Je ne lui ai bien sûr fait aucun reproche, et lui ai juste expliqué que nous avions tous été très inquiets. Elle m'a répondu qu'elle ne comprenait pas pourquoi elle avait eu tant d'appels. Elle n'imaginait pas que l'on puisse autant se préoccuper d'elle.

Le jour d'après, je ne suis pas allée travailler pour rester avec elle. Le soir, je l'ai emmenée à l'équitation, sans avoir à trop insister pour la convaincre. Sur la route, pour la première fois, elle m'a dit très clairement qu'elle n'avait plus envie d'aller à l'école. Cela ne m'a pas vraiment surprise, compte tenu de ce qu'elle y vivait. En fait, m'a-t-elle dit, elle n'attendait plus rien du collège, sinon du malheur.

J'ai compris que l'heure était à la prise de décision. Le week-end, je suis partie avec des copines dans notre maison de campagne. Cette parenthèse m'a enfin permis de prendre un peu de recul. Quand je suis rentrée le dimanche soir, j'ai demandé à Noémie ce qu'elle voulait faire, maintenant qu'elle ne souhaitait plus aller au collège, en tout cas dans celui-là. Elle m'a juste confirmé qu'elle ne voulait plus croiser ses harceleurs.

Je lui ai affirmé que nous allions tout faire pour la changer d'établissement. Ayant longtemps pensé que les choses rentreraient dans l'ordre d'elles-mêmes, elle n'avait pas anticipé cette possibilité. Désormais, elle comprenait que c'était la seule solution.

CHAPITRE 9

La peur du suicide

(Par Gérard)

Sans en connaître les détails, je n'ignore rien de toutes les interventions, interpellations, discussions, tracasseries diverses et variées de Marie-Fred au collège. Elle m'en tient bien sûr informé au jour le jour avec toujours une véhémence, une colère, qui me désolent. Suis-je pour autant véritablement réceptif ? C'est une autre histoire.

Depuis le mois d'octobre, je suis empêtré dans des soucis de santé handicapants dont on ne trouve pas la cause. Ma médecin généraliste s'est démenée de son mieux. Elle m'a fait multiplier les visites chez les spécialistes : angiologue, cardiologue, neurologue, proctologue, hématologue, urologue. Et puis les analyses de sang à jet continu, les radios, les scanners, les IRM, la coronarographie, la coloscopie. Et les pénibles « je ne vois rien », « rien d'inquiétant », « on va faire d'autres examens », qui n'ont pas mis un terme aux douleurs et ont ajouté à ma confusion et entretenu une forme de retranchement.

Évidemment, plus on cherche, plus on a de chance de trouver. Pas forcément ce que l'on cherche d'ailleurs. C'est le jeu. Le vendredi 19 janvier, je suis enfin sorti d'une visite avec un diagnostic un peu plus précis. Pas vraiment réjouissant, pas totalement surprenant ; bref, une mauvaise nouvelle. Pour me ménager, le médecin m'a demandé de refaire des analyses pour s'assurer qu'il ne se trompait pas et il m'a parlé d'une évolution lente. Ça tombait bien, je n'étais pas spécialement pressé. Le 30 janvier, les nouvelles analyses confirmeront ce diagnostic initial.

J'en reviens au 19. Ce soir-là, après avoir prévenu Marie-Fred par téléphone, je suis reparti de l'hôpital pour aller assister à un concert du cours de chant de Robin. Robin a une voix magnifique. J'ai adoré écouter son interprétation de « New York, New York » ou celle en duo de « I Want to Spend My Lifetime Loving You » extraite du *Masque de Zorro*. Mais j'ai surtout vu tout de suite que plus encore qu'à l'habitude Marie-Fred était tracassée, exaspérée. Pas par le spectacle, car Robin est plutôt du genre à assurer.

À la pause, elle m'a expliqué qu'elle était passée au collège, qu'elle avait croisé Untel et Untel, et que rien ne bougeait. Qu'elle n'en pouvait plus de cette inaction. Une sorte de litanie, en plus intense. Noémie n'était pas là, elle n'avait pas voulu venir, ce qui rajoutait une angoisse ponctuelle à l'angoisse générale. Elle était seule à la maison, ce qui n'était pas vraiment idéal. Notre prise de risque permanente.

Depuis le 12 décembre et notre visite à la gendarmerie pour le dépôt de plainte, objectivement, je n'avais servi à rien. Pourtant, dans cette plongée vertigineuse qui nous entraînait tous, je n'ai pas pu ne pas voir la réalité. OK, Noémie ne me parle pas. Si ce n'était que ça, comment m'en étonnerais-je ? J'y suis habitué. Mais là, c'est différent. Ce n'est plus qu'elle ne veut pas, mais qu'elle ne peut pas. Les événements aidant, elle s'est inventé une prison dont elle ne sort plus. Elle n'est plus en lien avec la vraie vie, celle où se mêlent les bons et les mauvais moments. Pour elle, le bon n'existe plus, le mal est permanent et partout.

Avant les fêtes de Noël, elle a tenu à peu près le choc. Tout cela était brutal mais, somme toute, aussi bien que nous, elle était en droit de penser que la raison allait l'emporter, que les responsables de son collège réagiraient rapidement et fermement, que les coupables seraient sanctionnés et que son année scolaire reprendrait son cours, certes anormal et chaotique, l'essentiel étant d'aller au bout, avant de partir et d'entrer au lycée.

Hélas, ce moins mauvais possible des scénarios est illusoire. Nous fêtons le Nouvel An entourés de nombreux amis dans notre résidence secondaire des Deux-Sèvres. L'ambiance est exactement ce qu'elle se doit d'être en pareille circonstance. Une parenthèse de bonheur toutefois considérablement troublée, pour Marie-Fred, Robin et moi, par la vision d'une Noémie transparente à force d'être diaphane. La présence de

Sarah, l'amie qu'elle s'est faite sur place, s'avère précieuse pour elle comme pour nous. Mais, dès qu'elle se retrouve seule, elle se change en une sorte de fantôme au visage inexpressif. Dire que son esprit est ailleurs est un euphémisme.

Son estomac est également en voyage. En cette période de consommation excessive, aux confins du ridicule, voire de l'indécent, elle est un parfait contre-exemple. Elle se nourrit d'un rien. Bientôt, elle se nourrira de rien.

La reprise des cours est une sorte de calvaire. Ce n'est plus les pieds qu'elle traîne, mais tout son corps. Les jours qui passent n'arrangent rien, au contraire. Bien sûr, nous avons remarqué qu'elle ne travaille plus du tout depuis plusieurs semaines, mais comme elle n'a jamais vraiment travaillé, cela ne peut pas nous paraître grave. Ce qui l'est beaucoup plus en revanche, c'est qu'elle se met à déserter le collège. Quand elle doit commencer à huit heures, elle y va souvent à dix, et elle revient régulièrement avant l'heure prévue – jusqu'au jour où elle décide de ne pas y aller du tout. Impossible de la convaincre, elle est hermétique. Et puis, en avons-nous vraiment envie ?

Désormais, elle nous fait peur. Il est facile de se rendre compte qu'elle ne s'alimente quasiment plus. Elle ne répond plus au cri de ralliement sonore du dîner : « Les enfants, à table ! » Nous commençons le repas sans elle. Marie-Fred monte la voir dans sa chambre et en revient chaque fois l'air désolé. « Elle ne veut pas venir. Elle n'a pas faim. » La rengaine est déprimante. Nos repas à trois s'achèvent plus vite qu'à l'habitude et tristement.

Noémie ne sort plus de sa chambre où une pâle lumière reste allumée la plus grande partie de ses nuits blanches ou noires, quand le sommeil agité est une douleur profonde. Son visage au réveil est effrayant. Les yeux affreusement gonflés, les traits tirés. Elle ne parle plus sinon par onomatopées. Elle fond à vue d'œil, même pour nous qui la voyons tous les jours. Elle a déjà perdu cinq kilos et elle n'était déjà pas bien épaisse.

Parfois, il lui arrive de s'habiller et de partir au collège. Si j'ai bien compris, c'est quand elle a français ; elle aime beaucoup sa professeure. Mais ces exceptions ont un coût. Celui du regard des autres, cet enfer, dont a parlé Jean-Paul Sartre, qu'est ce sale regard que portent sur vous ceux qui vous méprisent ou vous veulent du mal. En dehors d'Alice, aucun élève parmi ceux, nombreux, qui sont au courant de l'affaire, ne vient lui apporter le moindre soutien. Aucun. Jamais. Aujourd'hui, nous le savons. Au contraire, de plus en plus de louveteaux se mettent à hurler avec les loups, à épouser leur funeste cause. Elle est dans une effrayante traversée du désert que nous parvenons de moins en moins à adoucir.

Noémie est condamnée soit à croiser ses bourreaux, qui vivent leur forfait en totale liberté, en toute impunité, soit à s'enfoncer dans la désespérante solitude de sa chambre sous sa couette en constatant que rien ne bouge. Sa dépression est sidérante.

Nous tremblons mais nous nous raccrochons à sa passion, le cheval. Elle continue d'y aller trois fois par semaine pour prendre ses cours. Même cet ultime et fragile fil se rompt le jour où elle nous dit qu'elle ne veut plus y aller. Alerte rouge ! L'inquiétude est à son apogée. C'est la vie qui semble quitter son corps de plus en plus chétif. Noémie s'abandonne et nous abandonne. Elle semble jeter l'éponge. Elle n'est même plus révoltée, simplement anéantie. Impuissants et désespérés, nous assistons à sa dégringolade.

Aller chez le médecin ? Elle n'est pas fondamentalement malade. Chez un psy ? Les délais sont longs et de toute façon, il faut qu'elle soit d'accord. Aux urgences ? Pour dire quoi, pour faire quoi ? Peut-être avons-nous tort. Sans doute avons-nous perdu de notre lucidité. Nous restons simplement le plus possible sinon à son chevet, au moins à la maison. Nous nous relayons pour assurer une présence. Car désormais nous envisageons le pire. Nous n'hésitons plus à en parler, avec Marie-Fred. Les nuits deviennent des pièges épouvantables. Que peut-il se passer tandis que nous dormons et que l'insomnie ronge Noémie ?

Un après-midi, je rentre de je ne sais plus où. Marie-Fred travaille sur un chantier. Je ne me rappelle plus si, ce jour-là, Noémie est allée dans la matinée traîner son mal-être au collège. Je ne crois pas. À peine entré dans la maison, j'appelle : « Noémie ? » Pas de réponse. J'appelle de nouveau en criant plus fort. « Noémie ? » Toujours pas de réponse. Je monte à l'étage et cogne à la porte de sa chambre. Toujours pas de réponse. J'entre sans faire de bruit pour vérifier qu'elle est bien là. Il fait sombre, quasiment noir, elle vit les rideaux tirés, mais il me semble bien apercevoir une forme dans son lit. Je m'approche. À l'évidence, elle est là. Je l'appelle : « Noémie ! » Pas de réponse. Je crie : « Noémie !! » Pas de réponse. Je hurle : « Noémie !!! » Pas de réponse.

Mon cœur bat la chamade. Il y a chez nous suffisamment de rasoirs ou de médicaments. Mais pourquoi me suis-je absenté ? J'approche une main. Je touche, puis secoue ce corps inerte qui ne réagit pas à mon contact. Je la secoue violemment en hurlant de nouveau : « Noémie !!!! Noémie !!!! » Je crois que je vais pleurer quand enfin le corps bouge légèrement.

Je continue de la secouer. Elle se retourne avec une incroyable lenteur et entrouvre un œil. « Noémie, ma chérie, tu m'as fait peur. Ça va ? » La question idiote reste sans réponse. Tout juste quelques borborygmes rassurants.

Je souffle un bon coup, encore chamboulé par la minute que je viens de traverser et qui m'a paru une éternité. Je ressors de sa chambre. Noémie est en vie. J'en suis là, à me contenter de ça, et qui me semble être un don du ciel sur le moment. Oui, à l'heure qu'il est, Noémie est vivante.

Mais demain ? Et après-demain ?

Je sais certaines choses récentes. Il n'existe pas de statistiques officielles comptabilisant le nombre de suicides aboutis d'enfants harcelés à l'école. Certaines associations avancent le chiffre d'un à deux par mois. Un chiffre sans doute largement surévalué par rapport à la réalité, sauf à prendre en compte les actes inaboutis, sans doute plus nombreux que ce que l'on imagine. Mais même un seul par an est un de trop, une immense douleur, un crève-cœur.

Le 21 juin 2019, Evaëlle, onze ans, élève au collège Isabelle-Autissier d'Herblay dans le Val-d'Oise, s'est pendue à son lit après avoir subi plusieurs mois de harcèlement de la part d'élèves, mais aussi de sa professeure de français. Lors d'un cours consacré au harcèlement, celle-ci avait demandé aux élèves d'exprimer leurs reproches envers Evaëlle. Alors que cette dernière était en pleurs, l'enseignante lui avait donné l'ordre de répondre aux questions. En février 2019, ses parents avaient changé Evaëlle de collège. De nouveau victime de comportements violents et dégradants, la jeune fille s'est donné la mort avant la fin de l'année scolaire.

Le 7 janvier 2023, à Golbey, dans les Vosges, Lucas, treize ans, victime depuis plusieurs mois d'un harcèlement à caractère homophobe a mis fin à ses jours en se pendant à son lit. Il avait décrit dans son journal intime sa volonté de mettre fin à ses jours.

Le 29 avril 2023, Thibault, dix ans, élève de CM2 à Saint-Bonnet-le-Château, dans la Loire, s'est donné la mort par pendaison après avoir été harcelé à l'école primaire. Après son décès, sa mère a déclaré : « Plutôt que de le protéger, il était puni, isolé à la cantine, mis au fond de la salle de classe et, en plus d'être humilié par ses camarades, il l'était également par les adultes encadrants qui ne faisaient rien. »

Le 12 mai 2023, Lindsay, treize ans, élève en quatrième au collège de Vendin-le-Vieil dans le Pas-de-Calais, s'est donné la mort chez elle. Elle était harcelée depuis plusieurs mois par un groupe de filles, en direct et sur Internet. Avant son geste fatidique, elle a écrit une lettre à ses parents qui commençait ainsi : « Chers parents, si vous lisez cette lettre, c'est que je suis sûrement partie. »

Le 5 septembre 2023, ça a donc été le tour de Nicolas, quinze ans, à Poissy.

2023, année noire. Début 2024, Noémie est emportée dans une horrible danse macabre. Et la case quatorze ans est toujours disponible.

CHAPITRE 10

Le fantôme de Marion Fraisse

(Par Marie-Frédérique, Gérard et Monsieur Renoir, professeur au collège de Noémie)

MARIE-FRÉDÉRIQUE et GÉRARD — « Noémie est passée à côté de la catastrophe. Le schéma tragique, c'est celui de Marion Fraisse. Je ne dis pas ça pour vous choquer, mais il s'agit exactement du même processus. »

Ces mots nous glacent le sang. Nous sommes au mois d'avril 2024. L'homme qui nous parle, et que nous recevons chez nous pour qu'il nous donne sa vision du harcèlement subi par Noémie, apparaît ici sous un pseudonyme. Il est un professeur de ce qui est devenu l'ancien collège de notre fille. Il n'a pas eu celle-ci comme élève mais, dans le courant de l'année scolaire 2023-2024, il enseigne à des classes de quatrième et de troisième de l'établissement.

Le profil de Monsieur Renoir est tout à fait atypique. Il a tout d'abord effectué des études de droit avant de basculer vers l'Éducation nationale comme professeur des écoles – un poste qu'il a occupé pendant six ans.

Ensuite, après avoir réussi un concours interne (« J'ai été le seul professeur des écoles en France à l'obtenir cette année-là », nous précise-t-il), il est devenu, au début des années 2000, professeur des collèges. À ce titre, il a exercé dans plusieurs établissements. Syndicaliste engagé, il est entièrement investi dans la lutte contre toutes les dérives qui abîment le système dans lequel il évolue. Rien d'étonnant à ce qu'il soit responsable de la cellule pHARe au collège de Noémie. Cette double casquette lui permettra de jouer, nous le verrons plus loin, un rôle actif, décisif et potentiellement salvateur dans l'affaire de Noémie.

Entendre après coup Monsieur Renoir évoquer Marion Fraisse est pour nous un moment poignant. S'il l'a fait, c'est parce qu'il maîtrise totalement les tenants de cette affaire dramatique pour y avoir été indirectement mêlé à son moment le plus crucial et le plus accablant.

Le suicide à l'âge de treize ans de Marion en 2013, à la suite d'un long processus de harcèlement moral subi dans son collège de Briis-sous-Forges (Essonne), peut être considéré comme l'acte fondateur de la prise de conscience générale d'un phénomène en plein essor favorisé par le développement supersonique des réseaux sociaux.

La mort de Marion a été un choc d'autant plus fracassant pour la société française qu'elle est survenue cinq jours seulement après celle d'un autre enfant de treize ans, Mattéo Bruno, élève de quatrième au collège

Saint-Exupéry de Bourg-Saint-Maurice (Savoie). Il avait lui aussi mis fin à ses jours au bout de plusieurs mois de harcèlement moral subi à l'intérieur de son établissement.

À l'époque, la concomitance de ces deux horribles drames avait largement contribué à l'emballement médiatique, tout en favorisant grandement le lancement officiel des politiques actives de lutte contre le harcèlement à l'école dans notre pays.

Mais c'est bien le nom de Marion, et non celui de Mattéo, que l'histoire a retenu, grâce à sa mère, Nora, qui s'est battue de toutes ses forces pour la mémoire de sa fille. Elle a effectué sa propre enquête avant de publier début 2015 un livre, *Marion, 13 ans pour toujours*, devenu un best-seller avant d'être adapté pour le petit écran par le réalisateur Bourlem Guerdjou, avec Julie Gayet dans le rôle de Nora Fraisse. Diffusé le 27 septembre 2016 sur France 2, le téléfilm a été regardé par plus de quatre millions de personnes.

Le fait qu'après avoir brossé un tableau indispensable et édifiant du fonctionnement de l'Éducation nationale, Monsieur Renoir fasse un rapprochement entre Marion et Noémie déclenche forcément en nous une immense émotion ainsi que des frayeurs rétroactives. Lire en exclusivité « son » affaire Marion Fraisse (il n'intervient pas dans le livre de Nora Fraisse) est essentiel pour comprendre que les autorités de la nation ont beau se battre avec leurs armes pour tenter d'améliorer la situation, il arrive encore que, dans un certain nombre de collèges, en fonction de la personnalité du ou de la principale, rien n'ait changé, rien n'ait bougé. Plus de dix ans après la mort de Marion, nous avons payé un prix très fort, heureusement pas le plus lourd, pour l'apprendre.

*

Monsieur Renoir — En tant que représentant syndical, j'ai eu l'occasion au cours de ma carrière de visiter plus de quatre cents établissements dans l'académie de Versailles (collèges et lycées, sans comptabiliser les établissements privés sous contrat) pour tracter et y rencontrer mes collègues enseignants, ainsi qu'à l'occasion les personnels de direction. J'étais en général bien accueilli. J'avais une décharge qui me permettait de consacrer douze heures à l'enseignement et six heures à mes tâches syndicales. Et ce que j'ai trop souvent vu, c'est que l'État de droit, c'est-à-dire la mise en application des lois de la République, y était pratiqué de manière aléatoire. Certains établissements fonctionnaient très bien, mais dans d'autres, nous devions intervenir pour défendre le statut des collègues, la situation ayant pu dégénérer jusqu'au harcèlement de ces derniers. Je précise bien que je rencontrais des enseignants ou leur hiérarchie, jamais les élèves. C'est dans ce cadre que je me suis retrouvé à Briis-sous-Forges en février 2013.

Constatant la mise en danger des élèves et des personnels, une enseignante de notre syndicat nous avait littéralement appelés au secours face à l'anarchie qui régnait dans le collège. Elle-même avait d'ailleurs été mutée à Briis pour fuir un autre poste dans un établissement tenu par une direction qui pratiquait un harcèlement récurrent sur certains de ses subordonnés, enseignants et personnels ATOS (personnels non enseignants) et dont elle avait été l'une des cibles. Le rectorat avait accepté de la déplacer à la demande du syndicat pour exercer à titre provisoire dans un autre établissement.

Vous avez le droit de trouver surprenant qu'un personnel de direction manifestement incompétent, dangereux et qui ne respecte pas l'État de droit soit maintenu en fonction. Si c'est possible, c'est tout simplement parce que l'Éducation nationale n'est pas une personne. Il s'agit d'une machine, d'un rouage, qui obéit à une logique mécanique. L'élément de base de ce moteur, ce sont les établissements et leurs directions. Comme dans toutes les corporations, les personnels de direction peuvent être excellents, exécrables, moyennement compétents.

La difficulté est qu'ils dirigent des paquebots. Un collège accueille souvent huit cents élèves voire plus, une soixantaine de professeurs au moins et une vingtaine de personnels ATOS. La direction travaille avec la mairie, le département, le rectorat, les intervenants : entreprises publiques, privées et parents d'élèves. Lorsqu'une direction dysfonctionne, les conséquences ont de fortes répercussions sur la vie sociale dans et autour de l'établissement.

Cependant, le rectorat ne dispose pas d'une réserve infinie de personnels de direction, car c'est un métier difficile à la base, encore plus compliqué aujourd'hui ; et, d'année en année, le concours a de moins en moins de candidats.

Alors, quel est l'intérêt de maintenir un personnel défaillant à son poste ? La première raison, c'est que le retirer reviendrait à se déjuger. Le rectorat l'a nommé et, là comme ailleurs, l'administration a beaucoup de mal à reconnaître ses erreurs. La deuxième raison est que ce personnel de direction devra être replacé dans le rouage de la machine Éducation nationale. L'administration devra lui trouver un point de chute et faire face à plus ou moins court terme aux mêmes difficultés avec lui.

Enfin, et surtout, changer une direction sous la pression des parents et/ou des enseignants, car certaines directions font l'unanimité contre elles, crée un fâcheux précédent. Des enseignants et des parents d'un autre collège ou lycée pourraient suivre le même chemin et le rectorat se retrouverait à déplacer sans cesse beaucoup de personnels.

À cela s'ajoutent les réseaux sociaux. Il y a une traçabilité et les personnes « mutées » risqueraient d'être mal accueillies dans leur nouveau poste, ce que le rectorat ne veut surtout pas. Voilà pourquoi il ne bouge un personnel de direction que dans de rares cas, lorsqu'il n'a plus le choix. Par exemple, lorsque des élèves font grève et refusent de rentrer dans l'établissement alors qu'ils ont cours et qu'ils « s'autodéscolarisent » contre la direction. Les parents suivent presque toujours le mouvement, s'ils ne l'ont d'ailleurs pas instigué. Et les professeurs sont bien souvent de la partie. La « déscolarisation » est la ligne rouge. Aucun personnel ne peut y résister. S'il faut relever quelqu'un de ses fonctions pour que les élèves reviennent au collège, le rectorat ne tergiversera pas longtemps.

Figurez-vous que l'on m'a raconté que ce cas de figure s'est produit, il y a quelques années, dans le collège où Noémie a été harcelée et où j'enseigne désormais. Beaucoup d'élèves de quatrième et de troisième avaient fait grève plusieurs jours, restant devant l'établissement, jetant des œufs et des pierres sur la direction. Lorsqu'ils allaient jusque dans la cour, ils chantaient des chansons qu'ils avaient concoctées eux-mêmes, appelant au départ du principal en des termes que je ne mentionnerai pas ici. Ils chantaient aussi *La Marseillaise* en signe de résistance. Les deux grandes fédérations de parents d'élèves soutenaient à fond le mouvement. La direction était allée jusqu'à appeler les forces de l'ordre pour qu'elles obligent les élèves à réintégrer leurs classes, ce que la police avait évidemment refusé de faire. On n'emploie pas la force contre des mineurs non violents dans un établissement scolaire.

Et puis, un jour, le principal n'est plus reparu dans le collège. Il a obtenu un très bon poste, très bien rémunéré, assez éloigné de celui qu'il avait quitté. Le rectorat défend toujours ses personnels de direction.

J'en viens à Briis-sous-Forges, où une direction qui ne gérait apparemment pas les problèmes venait de partir. Un nouveau principal avait donc été nommé sans avoir apparemment passé le concours théoriquement indispensable pour occuper ce genre de poste.

J'étais déjà venu visiter cet établissement une ou deux fois dans le cadre de mes missions syndicales. En février 2013, j'y suis retourné parce qu'une enseignante m'avait alerté sur la situation et l'ambiance délétère qui y régnaient. Elle avait écrit à tous les membres du conseil d'administration pour expliquer ce qu'était la vie quotidienne dans ce collège. Elle m'avait montré cette lettre qui dénonçait l'anarchie qui régnait dans l'établissement. Elle souhaitait absolument que je rencontre le principal pour lui dire que les enseignants étaient en danger. Trop souvent, par peur, ces derniers n'osent pas exprimer leur mal-être auprès de leur hiérarchie. Cette personne osait. Elle ne m'avait pas parlé de Marion qu'elle avait dans l'une de ses classes. Elle n'avait pas spécialement remarqué cette élève et ma venue concernait une situation générale, pas une collégienne en particulier.

Je suis donc allé à Briis le jeudi 7 février 2013. Marion mettra fin à ses jours le 13. Je reprécise que je n'étais pas au courant à cette date de sa situation.

En attendant que le principal accepte de me recevoir, je patiente devant le bâtiment central, où se trouve un carré de terre sous une véranda ; l'administration se situe à proximité, au premier étage.

Il est midi. À midi quinze, heure de la fin des cours du matin, des élèves surgissent. Ils courent dans tous les sens. L'un d'eux en attrape un autre et l'étrangle. Je rappelle que nous sommes devant le bâtiment principal, pas au fond de la cour. Je vois des casiers qui sont ouverts et des affaires répandues par terre. Deux élèves s'empoignent pour jouer et roulent dangereusement sur le carré de terre, sans qu'aucun surveillant ne soit là pour intervenir.

Avant cette visite, l'enseignante m'avait expliqué le système de l'infirmerie qui se trouve à l'autre bout de l'établissement, tout à côté de sa salle de classe. Les élèves ont le droit d'y aller sans demander l'autorisation à condition d'être accompagné par un camarade. Je m'y rends. Une dizaine d'élèves s'y trouvent. On ne sait pas qui est malade et qui accompagne. Il y a une infirmière dans un tout petit local. Elle ne s'occupe bien sûr que d'un élève à la fois. Elle demande : « Toi, tu as mal où ? Au ventre ? Je te prends. Et toi ? Non, je ne te prends pas. » Elle est pleine de bonne volonté mais débordée et cette désorganisation flagrante peut à l'évidence la faire passer à côté de quelque chose de grave. Parmi les élèves présents dans cette infirmerie, certains n'ont rien, rigolent et veulent simplement tenter d'obtenir une autorisation pour ne pas retourner en cours.

Le principal me reçoit enfin. Je le connais un peu car j'étais venu tracter dans son établissement à la rentrée 2012. Il m'avait serré la main et la première chose qu'il m'avait dite était qu'il voulait être principal pour ne pas être sollicité en permanence, mais qu'il avait constaté qu'il y avait quand même beaucoup de travail.

Je lui décris d'abord les scènes auxquelles je viens d'assister : « Je me suis promené dans votre établissement. Il y a vraiment du bazar. Ici, tout le monde est en danger. » Je me heurte alors à un mur. Voici un résumé de sa position : je suis le chef, je fais ce que je veux. Voulant entrer dans le détail des dysfonctionnements, je lui dis alors : « Non, mais, il y a quand même un problème d'éducation. » J'entends par là un problème de cadrage des élèves. Là, il s'énerve et me dit en haussant le ton : « Ah l'éducation, l'éducation. Je vais appeler ma maman pour qu'elle refasse mon éducation. Maman ! Maman ! »

J'ajoute tout de suite qu'après le fatidique 13 février, je me suis rendu à la gendarmerie pour apporter mon témoignage au gendarme enquêteur. C'est le devoir de tout citoyen d'apporter son concours à une enquête. L'enseignante a effectué la même démarche de son côté. Tous les faits relatés ici sont passés entre les mains de la justice.

Marion était harcelée depuis l'école primaire par un groupe, d'abord en direct puis, avec le temps, également sur Internet. En quatrième, elle s'est retrouvée dans la même classe que ses harceleurs. Elle était très bonne élève mais elle avait arrêté de travailler. Elle était très intelligente, plus que la moyenne. On la traitait d'intello. Un peu comme Noémie.

Après le drame du 13 février, j'ai appris par le biais de l'enseignante, qui l'avait su de l'infirmière, que le lundi 11 février, Marion s'était rendue à l'infirmerie dans une ambiance identique à celle que je vous ai décrite. Elle était en grande souffrance. L'infirmière savait qu'elle n'allait pas bien mais elle ignorait pourquoi. Marion parlait peu. Des élèves se bousculaient devant le local pour être reçus. L'infirmière a fait entrer Marion, l'a interrogée longtemps. Elle n'a pas réussi à lui faire dire la vraie raison de sa présence. Le mardi 12, Marion est revenue. L'infirmière n'a pas pu la recevoir en raison du nombre d'élèves présents ce jour-là.

Le mardi 12 février dans la soirée s'est tenu un conseil d'administration. Ils ont lieu cinq ou six fois par an et ont pour objet de gérer tous les domaines d'activités inhérents à la bonne marche de l'établissement. Le conseil regroupe les quatre responsables du collège – le principal, son adjoint, le CPE et le gestionnaire, qui sont tous membres de droit –, ainsi que des représentants élus des professeurs, des parents délégués et des élèves délégués. Tout le monde avait reçu quelques jours auparavant une lettre de l'enseignante selon la procédure légale. Elle a été lue à haute voix par le chef d'établissement, tout comme d'autres lettres qui avaient été adressées au conseil académique par des membres des personnels du collège, lesquelles, comme celle de l'enseignante, dénonçaient les nombreux dysfonctionnements.

Je le redis une fois encore, car c'est important : le cas personnel de Marion n'a jamais été évoqué. Mais l'état de délabrement disciplinaire et moral du collège a été au cœur des débats.

Je précise que ces démarches consistant à alerter le conseil d'administration ne sont pas fréquentes car les directions d'établissement sont en contact permanent avec les fédérations de parents. Les problèmes de discipline ou les incidents sont en général gérés en amont des conseils pour les soulager et leur permettre de se concentrer sur d'autres aspects importants de la gestion d'un établissement.

Ce genre d'initiative est encore moins fréquente de la part d'une enseignante et subordonnée qui, en l'espèce, constatant qu'elle n'était pas entendue par sa direction, s'est vue contrainte d'écrire au CA une lettre qu'étrangement, le principal a été amené à lire lui-même devant toute la représentation du collège. Après la tragédie du lendemain, ce document sera transmis au gendarme enquêteur et intégré au dossier. Des parents l'avaient d'ailleurs directement envoyé au ministère.

Le mercredi 13 février, Marion n'est pas venue au collège. Elle était malade et seule chez elle. Sa mère, qui ne travaillait pas le mercredi, était sortie en ville avec ses deux plus jeunes enfants. Elle lui a téléphoné plusieurs fois sans obtenir de réponse. Elle savait que sa fille n'allait pas bien, elle a eu un mauvais pressentiment et est rentrée. Elle a trouvé Marion pendue avec un foulard à la poignée de porte de sa chambre. Son téléphone était suspendu à côté d'elle.

Alors vous comprenez, quand j'ai appris ce qui arrivait à Noémie et la façon dont la direction du collège traitait l'affaire, j'ai immédiatement pensé à Marion.

En janvier 2017, la responsabilité partielle de l'État dans la mort de Marion a été reconnue à hauteur de 25 % par le tribunal administratif de Versailles qui lui a reproché de n'avoir ni détecté ni empêché le harcèlement et l'a condamné à verser dix-huit mille euros à la famille de Marion. Dix-huit mille euros pour la vie d'un enfant, alors que le budget annuel de l'Éducation nationale dépasse les soixante milliards d'euros[1].

Ultime détail, le principal du collège de Briis-sous-Forges en 2013 a pu finir tranquillement sa carrière dans le même établissement avant de prendre sa retraite. L'administration avait envisagé de le déplacer mais elle ne l'a pas fait.

1. À la suite d'une plainte au pénal des parents de Marion désignant implicitement des collégiens et l'établissement scolaire pour des faits de « violences volontaires, menaces de mort, provocation au suicide, homicide involontaire, omission de porter secours », une juge d'instruction d'Évry (Essonne) a prononcé un non-lieu en août 2018, estimant que « ces événements isolés et concernant différentes personnes n'agissant pas dans une même intention ne pouvaient caractériser une situation de harcèlement ». Une décision confirmée en 2021 par la chambre d'appel de l'instruction puis, de façon définitive, par la Cour de cassation le 18 janvier 2022.

CHAPITRE 11

Mon enfer

(Par Noémie)

Une fois mon stage au club hippique terminé, le lundi 18 décembre, je suis retournée au collège. J'espérais que tout serait calme jusqu'aux vacances. Mais le mardi, j'ai appris que la veille, pendant une récréation, une petite dizaine de mecs s'étaient retrouvés dans les toilettes. Arthur avait trouvé les réseaux de Kevin et il lui avait envoyé un message pour lui demander d'autres vidéos de moi. Vu que le but de Kevin était toujours de me rendre la vie horrible par pure méchanceté, il n'avait pas hésité à lui en envoyer. J'imagine qu'il en avait fabriqué d'autres. Comme je ne les ai jamais vues, je ne peux pas les décrire.

Ce lundi-là, dans les toilettes du collège, Arthur les avait montrées à tout le monde, et en plus, il les avait envoyées à trois personnes de ce groupe, Thomas, Jules et Nicolas. Quand j'ai appris ça le mardi par Dylan, qui s'était rendu compte qu'il avait fait une connerie en acceptant de mettre les images dans son téléphone, je suis tout de suite allée voir la CPE pour lui raconter et lui donner les noms. Elle est immédiatement partie en courant pour essayer de choper les portables des quatre garçons en espérant que les vidéos y étaient toujours, tout en prévenant des surveillants. Je l'ai suivie et j'ai vu qu'un surveillant avait attrapé l'un des garçons et qu'il attendait la CPE en le tenant par le bras. Ils ont récupéré les téléphones de Thomas et Nicolas. À ce moment-là, Arthur était absent. Comme par hasard, il n'était pas venu en cours le matin.

Je ne le savais pas alors, mais la CPE avait appelé les gendarmes. Entre-temps, Arthur est arrivé au collège et un surveillant lui a pris son portable. Quand je suis ressortie du collège dans l'après-midi après les cours, j'ai vu que des gendarmes étaient présents mais je ne savais pas pourquoi. Je n'y ai pas trop prêté attention parce que je ne pensais pas que c'était à cause de mon histoire. J'avais les idées complètement embrouillées.

Le lendemain, j'ai su que les gendarmes avaient demandé à Arthur, Nicolas et Thomas d'allumer leur téléphone devant eux et d'aller dans leur galerie d'images. Alors que jusque-là ils avaient tous nié avoir les vidéos, les gendarmes ont pu les voir dans les portables d'Arthur et de Thomas, les prendre en photo et ainsi obtenir la preuve que ce que j'avais raconté à la CPE était vrai. Ensuite, ils leur ont demandé de supprimer immédiatement ces images.

J'ai tenu le coup jusqu'à la fin de la semaine parce que je savais que les vacances arrivaient. Nous sommes partis dans notre maison de campagne mais je n'en ai pas vraiment profité. Je n'arrêtais pas de penser à toute cette histoire et j'avais perdu l'appétit. Je ne mangeais presque plus rien et je sentais que je m'affaiblissais. L'idée de retourner au collège me terrorisait.

Il a pourtant bien fallu que j'y aille. Un jour, un gars d'une autre classe est venu me voir pour me dire : « Tu sais, les vidéos, je les ai vues, ça se voit que ce n'est pas toi. » Ça pouvait paraître gentil, mais j'ai trouvé que c'était déplacé parce que pour moi, ça voulait dire qu'il connaissait mon corps puisqu'il m'avait dit qu'il savait que ce n'était pas le mien.

J'ai commencé à aller de moins en moins souvent au collège. Je ne supportais plus de voir les autres. Je n'avais plus goût à rien.

Je me suis enfoncée dans la dépression. Je m'en rendais bien compte mais je n'arrivais pas à l'empêcher. À la maison, je ne mangeais plus, je ne parlais plus, je dormais tout le temps. Du coup, je n'allais quasiment plus sur les réseaux sociaux. Je sais maintenant que papa et maman étaient très inquiets et je comprends pourquoi.

Pour moi, il est très difficile de raconter cette période qui va de janvier à début février. Tout me paraît flou et j'ai oublié certaines dates. Il me reste quand même quelques scènes en mémoire. Je me souviens être allée plusieurs fois à l'infirmerie parce que je ne me sentais pas bien. Alice m'accompagnait.

L'infirmière était au courant de l'affaire. Pendant ce temps-là, j'étais tranquille. Sinon, je ne pouvais jamais vraiment l'être.

Je me souviens aussi qu'un jour, comme la CPE nous avait demandé de venir la voir, nous nous sommes assises avec Alice contre un radiateur qui se trouve près de son bureau. Louise et Inès sont arrivées, nous ont vues et se sont assises par terre à quatre mètres de nous. Elles se sont mises à parler comme si nous n'étions pas là, comme si on ne les entendait pas, mais on ne pouvait pas ne pas les entendre tellement elles parlaient à voix haute. Louise a notamment dit exprès pour que je l'entende : « Noémie, c'est vraiment une grosse pute. Elle retourne la situation contre moi. Elle dit à tout le monde que je l'ai harcelée. » C'était affreusement déprimant, mais je dois dire que ça ne m'a pas vraiment touchée. De sa part, je n'étais vraiment plus à ça près.

Le 22 janvier, nous nous sommes retrouvées avec Alice et Mila, une fille avec qui Alice avait des problèmes, dans le bureau de la CPE. Elle m'avait demandé de venir aussi, bien qu'au départ, il s'agissait d'une histoire uniquement entre elles deux, parce que Mila n'arrêtait pas de dire partout dans les couloirs que j'étais une mauvaise fréquentation pour Alice. Devant la CPE, je lui ai demandé si elle assumait le fait de dire ça partout. Elle a répondu : « Ben oui, la preuve, regarde ce que tu fais. » Elle parlait des vidéos.

J'ai pété un câble, je me suis levée avec l'envie de la frapper. La CPE a crié : « Mila, tu dégages de mon bureau. » Je suis repartie en pleurant, mais de toute façon au collège je pleurais tous les jours.

Le 25 janvier, maman est venue avec moi le matin au collège. Elle était très en colère. Elle a vu la CPE, la principale et aussi Monsieur Renoir. Il n'était pas mon prof mais j'avais déjà parlé un peu avec lui une semaine plus tôt. Je lui avais raconté rapidement l'histoire.

Le 26 janvier, Alice et moi avons rencontré Monsieur Renoir pour la première fois ensemble. Il a surtout discuté avec Alice qui lui a raconté en détail son problème de harcèlement mais ça m'a rassurée d'être là.

Le lendemain, je suis allée au collège avec papa et maman assister à une réunion de présentation des métiers. J'étais vraiment dans le cirage. Je savais que papa voulait en profiter pour parler avec la principale. Il me l'avait dit et ça m'avait fait du bien. Je me suis tenue à distance pendant qu'ils discutaient ; il m'avait demandé si je voulais venir avec lui mais je lui avais dit non. À un moment, la principale m'a fait signe de les rejoindre. Elle m'a ensuite regardé droit dans les yeux et m'a lancé avec un petit sourire : « Dis à ton père qu'on s'occupe de toi, qu'on fait tout pour régler les problèmes. » Je n'ai rien répondu. Papa vous racontera la suite plus tard.

Quand nous sommes repartis avec papa sur le chemin de la maison, il m'a raconté l'histoire du suicide d'un ancien Premier ministre dont j'ai oublié le nom[1]. Je me suis dit qu'il avait peut-être peur que je ne me suicide. C'est vrai que j'en avais marre de ma vie. Je ne veux pas dire que je n'ai jamais pensé au suicide, mais je n'ai jamais essayé de passer à l'acte, même s'il m'est arrivé de croire qu'un jour j'essayerais peut-être. C'est un sujet dont il m'est très difficile de parler. Maintenant, je comprends très bien en tout cas que papa et maman aient été très inquiets pendant cette horrible période.

J'imagine bien que par exemple quand, à deux ou trois reprises, je ne suis pas allée au cheval, ça les a terriblement angoissés car ils savaient que c'était pour moi peut-être la chose la plus importante dans ma vie. Mais je n'avais plus de force ni de volonté. J'étais vraiment en dépression, incapable de faire quoi que ce soit à part dormir et ruminer mes idées noires.

Le vendredi 2 février, j'ai été reçue une nouvelle fois par Monsieur Renoir mais sans Alice et pour parler uniquement de mon problème. Je lui ai vraiment tout raconté. Tout ce qui m'était arrivé en matière de harcèlement depuis la sixième. Il m'a encouragée à tenir le coup, m'a dit des choses très gentilles sur moi et très dures sur mes harceleurs. Il m'a expliqué qu'il se battait pour qu'ils soient sanctionnés.

Ça m'a vraiment fait du bien. Avant de partir, je lui ai dit que j'imaginais que la rumeur continuait mais

---

1. Il s'agit de l'ancien Premier ministre Pierre Bérégovoy qui s'est donné la mort le 1er mai 1993. Voir chapitre 12.

que je ne savais pas trop, vu que je n'étais pas très présente ces jours-ci et que je n'avais donc pas constaté de nouvelles provocations ou attitudes négatives. Bien longtemps après mon départ du collège, j'apprendrai que cette rumeur ne s'était pas du tout éteinte, j'y reviendrai plus tard.

Le soir même de ce 2 février, nous sommes allés avec papa et Robin dans un restaurant chinois où l'on peut se servir à volonté. C'était vraiment un gros risque de la part de papa parce que ça faisait des semaines que je ne mangeais plus rien. Je ne sais pas si c'est lié au fait que l'après-midi, j'avais vu Monsieur Renoir, mais j'ai rempli mon assiette et j'ai mangé de bon appétit. Papa était super étonné et ça, je m'en souviens très bien. Même moi, je n'en suis pas revenue. Tout heureux, il a pris une photo de mon assiette pleine et l'a tout de suite envoyée à maman qui était en week-end avec des amies dans notre maison de campagne.

Nous étions une semaine avant les vacances de février. Quand maman est revenue le dimanche soir, elle m'a parlé pour la première fois d'un éventuel changement de collège. Elle pensait que c'était impossible pour moi de continuer dans ces conditions. Je ne sais plus comment j'ai réagi ou ce que j'en ai pensé. En tout cas, j'avais maintenant l'idée en tête et j'ai pu y réfléchir. Je ne savais pas trop quoi faire. J'étais vraiment à l'ouest, je ne me rendais plus compte de rien. Papa disait lui aussi que c'était une bonne idée. Quand avec maman ils ont finalement décidé que c'était ce que l'on allait essayer de faire, je leur ai donné mon accord.

Mais je n'étais pas encore sortie de cette période dramatique. Je crois que c'est le lendemain, c'est-à-dire le lundi 5 février, qu'une confrontation a été organisée au collège et elle a été catastrophique. Je ne sais même pas pourquoi elle avait eu lieu. J'étais en cours quand un surveillant est venu me chercher sans que j'en connaisse la raison. Il m'a emmenée dans le bureau de la principale où il y avait aussi la principale adjointe.

Je me suis assise et j'en avais déjà marre d'être là quand la porte s'est ouverte et une dame que je ne connaissais pas est entrée – en fait c'était la remplaçante de la CPE qui était tombée malade – avec Louise en pleurs. Là je me suis dit : « Non, on coupe tout, ce n'est pas possible, sortez-moi de là. »

Ce sont d'abord les adultes qui ont parlé, parlé, parlé. Ça m'a paru interminable. Je ne sais même plus ce qu'elles ont dit. Après, elles nous ont donné la parole. On est revenus sur l'histoire du harcèlement en sixième. Louise, je crois que même à l'église et devant le pape elle nierait. Elle regardait les autres, elle ne me regardait jamais parce qu'elle savait qu'elle avait tort et moi je la fixais en pensant : « Mais qu'est-ce que tu racontes comme conneries, t'en n'as pas marre ? » Elle venait de dire qu'en sixième, lorsqu'elles étaient tombées à une vingtaine sur moi, elle était ensuite venue me prendre dans ses bras et me consoler. Du grand n'importe quoi. Sur ce qui m'arrivait en ce moment, d'après elle, c'était « juste du harcèlement ». Comme si c'était banal et pas grave du tout. Et puis soudain, elle s'est mise à gueuler : « Tout ça, c'est à cause de mon gros daron de merde », un truc qui n'avait strictement rien à voir. Je pleurais, mais quand j'y repense, c'était plutôt hilarant. Louise semble avoir de vrais problèmes.

En résumé, comme d'habitude, elle a tout nié et notamment, bien sûr, de m'avoir harcelée. Je suis repartie directement à la maison en larmes. Maman n'était pas là. Papa a vu tout de suite qu'il s'était passé quelque chose. Il m'a interrogée. J'ai juste pu dire : « C'est cette Louise… », puis je suis allée directement me coucher en pleurant. La seule façon pour moi de fuir tout ce cauchemar était de dormir.

CHAPITRE 12

À l'assaut de la principale

(Par Gérard)

J'ai trop tardé, je m'en veux. J'ai vu Noémie s'enfoncer jour après jour, nuit après nuit, dans son inquiétant puis terrifiant désespoir. Mes soucis de santé ne peuvent pas être une excuse. Les enfants d'abord ! J'ai laissé Marie-Fred seule en première ligne. Je l'ai toujours considérée comme une sorte de Mary Poppins qui parvenait à régler tous les problèmes en un tournemain. Je l'ai écoutée au fil des semaines maudire ce collège et ses responsables chaque fois qu'elle revenait d'une réunion organisée ou fortuite, chaque fois que des informations nocives lui arrivaient.

Oui, je l'ai écoutée. Non pas d'une oreille distraite, certainement pas d'une oreille distraite, mais au moins d'une oreille distante, avec l'espoir que tout cela se termine vite, et bien, sans dégâts. Quelle folie ! Quelle illusion ! Ce n'était même pas une hypothèse mais j'y avais trouvé refuge.

J'ai subi la situation. Tout m'invitait à devenir acteur, or je n'étais qu'un spectateur de ce film d'horreur. Je ne connaissais pas le collège. Même ce fil-là ne me reliait pas à Noémie. Je n'y étais jamais entré depuis plus de trois ans qu'elle le fréquentait. Je ne connaissais pas ses responsables, mais je leur faisais confiance. Si l'affaire était si grave, ils allaient forcément s'en saisir, agir, dénoncer, condamner, sanctionner, protéger Noémie, nous protéger.

Sans doute cette naïveté m'arrangeait-elle. Je l'ai dit, je n'étais pas dans la meilleure période de ma vie, je commençais à faire sérieusement mon âge, mais quand même, ce n'est pas une excuse.

Le 19 janvier, l'annonce de la mauvaise nouvelle me concernant, ajoutée au désarroi de Marie-Fred quelques heures plus tard, ont constitué des électrochocs. Appelons cela une prise de conscience. J'ai décidé de rentrer dans le match. Totalement. Il était grand temps. L'avenir, ce n'était pas moi, c'était Noémie. Je lui devais cet engagement, je le devais à Marie-Fred, je le devais également à Robin, victime collatérale de cette situation. J'ai même pensé que je me le devais à moi-même. La mêlée m'attendait.

Pour ajouter à la complexité du moment, c'était la période où l'on demandait aux familles d'effectuer les préchoix d'orientation pour la classe de seconde. Avec le plus de tact possible, nous tentions d'en discuter avec Noémie ; or, elle n'était pas très réceptive, loin de là.

Ses soucis ne concernaient absolument pas le futur, mais ce présent si effrayant.

— Noémie, tu veux faire quoi l'année prochaine comme filière ?

— Chai pas.

— Il faudrait que tu y réfléchisses.

— Pourquoi ?

Voilà, la discussion était terminée.

Elle ne mangeait quasiment plus rien depuis des semaines et préférait rester cloîtrée dans sa chambre. Peut-être n'avait-elle simplement pas la force d'en sortir.

Le samedi 27 janvier, une journée portes ouvertes des métiers était programmée au collège. Avec Marie-Fred, nous avons décidé d'y aller ensemble, mais, sans Noémie, cela n'avait pas de sens. Nous avons dû faire beaucoup d'efforts pour la persuader de se joindre à nous. Je voulais absolument qu'elle soit présente, fût-ce de loin, pour ce que j'espérais être mon premier contact avec la principale. En tout cas, je m'y étais préparé et j'avais prévenu Noémie que je comptais le provoquer. C'est sans doute ce qui l'a convaincue de nous suivre.

Nous sommes partis de la maison en traînant derrière nous une sorte de zombie. C'est en sa compagnie que je suis enfin entré dans ce collège qui m'était inconnu. La première chose que j'y ai vue, dans le hall, ce sont des dessins réalisés par les élèves sur un thème unique : le harcèlement. Ils m'ont sauté aux yeux. Il s'agissait de souvenirs de la journée nationale contre le harcèlement organisée le 9 novembre 2023, juste avant le début de notre affaire. Ce qui aurait dû être rassurant était en la circonstance affreusement blessant. Voilà, les responsables pensaient avoir fait le job et ils en exhibaient le fruit. De jolis mots, de jolies phrases, de belles intentions que je recevais comme des injures.

Nous nous sommes dirigés vers le réfectoire où les tables étaient installées devant des panneaux d'information, professionnels d'un côté, parents et enfants de l'autre. Noémie nous suivait sans rien dire.

— Tu veux voir quoi ?

— Chai pas, j'm'en fiche.

— Il n'y a pas un secteur qui te tente ?

— Non.

Nous nous sommes installés devant les métiers de la photographie parce que la place était libre. Notre interlocuteur, déjà très âgé, nous a formellement déconseillé de prendre cette voie qu'il qualifiait lui-même de « sans issue ». Ça commençait très fort.

La place libre suivante était celle des métiers de l'hôtellerie et de la restauration. Habillé en tenue de cuisinier, l'homme qui nous faisait face avait vraiment une bonne gueule ronde de type sympa. Je me suis dit que ce serait bien, la restauration, pour Noémie. Enfermée dans ses sombres pensées, elle ne faisait même pas semblant d'écouter. Le gars nous a tout expliqué puis nous a donné rendez-vous pour la journée portes ouvertes de son établissement. Avant de le quitter, nous lui avons soutiré la méthode idéale de préparation des joues de porc que nous réservions à nos invités du jour à la maison. Au moins n'étions-nous pas venus pour rien.

À un moment, Noémie nous a vaguement parlé de commerce ; un stand semblait correspondre. Je n'ai rien compris à ce que nous disait la personne en face de nous, alors imaginez Noémie dans son état.

À cet instant, j'étais déjà concentré sur l'objectif : m'entretenir avec la principale. Je guettais le moment où celle-ci serait seule et disponible. Maintenant ! Noémie se tenait à une dizaine de mètres, appuyée contre un mur. Je me suis tourné vers elle, nos regards se sont croisés. C'est difficile à expliquer : j'ai compris qu'elle comptait sur moi, qu'elle attendait ce moment avec une folle impatience. J'ai compris qu'elle avait besoin de moi, ici, tout de suite.

J'ai senti une force m'envahir.

— Bonjour, madame. Vous avez deux minutes ?

— Bien sûr, monsieur, me répond-elle avec un grand sourire.

— Je suis le père de Noémie Ejnès.

Son sourire s'envole immédiatement.

— Ah oui, alors, justement, nous avons fait une réunion hier, et puis nous en avions fait une autre auparavant, donc..., s'empresse-t-elle de me dire.

Je la coupe :

— Madame, vous me parlez de réunions mais moi je veux vous parler de Noémie. Elle est dans un état désastreux. Elle ne mange pratiquement plus, elle a perdu plusieurs kilos, elle est déprimée, ne veut quasiment plus venir au collège, ne dort plus... Nous craignons pour sa vie. Vous lisez les journaux, je suppose... ?

— Attendez…

Elle se tourne vers Noémie, l'appelle. Noémie arrive on ne peut plus lentement.

— Bon, alors, Noémie, tu as dit à ton papa que nous avions fait des réunions, et que nous allions encore en faire ?

Noémie reste de marbre. Je m'agace :

— Arrêtez avec ces réunions. Madame, quelles sanctions avez-vous prises contre les harceleurs ? Quelles sanctions avez-vous prises qui auraient pu soulager Noémie ?

— Ah ben non, je ne peux pas prendre de sanctions parce que vous avez déposé une plainte à la gendarmerie. Tant que l'enquête est en cours, je ne peux pas sanctionner les élèves concernés.

— Vous vous fichez de moi ?

Là, j'avoue avoir eu un léger doute. J'étais quasiment sûr qu'elle mentait mais je ne connais pas le Code civil et le Code pénal par cœur.

Est alors survenue une apparition si étonnante qu'elle aurait pu passer pour un coup monté.

— Tiens, bonjour Gérard.

— Oh, François. Tu vas bien ?

Le député de la circonscription me tendait la main pour me saluer. Pris par mon échange, je ne l'avais pas vu se promener dans la salle. Il était en visite amicale.

— Oui, ça va.

— Dis donc, j'ai entendu ton nom circuler pour le prochain gouvernement. Tu crois qu'Attal compte sur toi ?

Gabriel Attal venait tout juste d'être nommé Premier ministre. François m'a souri, tandis que la principale, l'air un peu éberlué, en profitait pour s'esquiver.

Je connais très bien François, Noémie également. J'ai fait partie de son équipe de campagne aux élections législatives de 2022.

Nous sommes repartis à pied avec Noémie. Sur le chemin, elle a lancé la discussion, une rareté ! Son regard pétillait, une autre rareté par les temps qui couraient.

— Tu as vu la tête de la principale quand François est arrivé ?

— Bien sûr, ma chérie.

— Elle a fichu le camp.

— Tu es contente que je sois allé lui parler ?

— Oui.

À cet instant, sans savoir si je faisais bien ou mal, je me suis lancé dans un récit que j'avais préparé.

— Noémie, écoute-moi. Je vais te raconter l'histoire d'un homme que tu ne connais pas. Il s'appelait Pierre Bérégovoy et ça s'est passé en 1993. Pour toi, c'est très loin, mais pas pour moi. Pierre Bérégovoy avait été le Premier ministre du président de la République François Mitterrand. Il ne l'était plus depuis un mois et il en souffrait. Il était toujours député et aussi maire de Nevers, une ville du centre de la France. Le 1er mai, il a reçu des syndicalistes dans sa mairie puis il est allé déjeuner en famille chez sa sœur. Il a sûrement rigolé à un moment ou à autre du repas. Ensuite, il est allé sur les bords de la Loire pour assister à une compétition de canoë-kayak. Il a dit quelques mots lors de la remise des prix, a serré la main des lauréats. À dix-huit heures, il s'est fait conduire par son chauffeur près d'un canal. Il a dit qu'il voulait se promener un peu tout seul. Quelques minutes plus tard, il a sorti un revolver de sa poche et s'est tiré une balle dans la tête. Il est mort dans la nuit. Personne, et surtout pas ceux qui l'avaient croisé ce jour-là, n'aurait imaginé ça.

Noémie m'a regardé sans dire un mot.

— Tu sais de quoi nous avons peur maman et moi, ma chérie ? De te perdre. On t'aime. Bats-toi, Noémie. On est avec toi. On va y arriver tous ensemble.

Nous sommes rentrés à la maison en silence. J'aurais dû la serrer dans mes bras. Je ne l'avais plus fait depuis tellement d'années. Je n'ai pas osé. J'ai sans doute laissé passer une occasion.

CHAPITRE 13

Un prof au secours de Noémie

(Par Gérard
et Monsieur Renoir, professeur de collège)

GÉRARD — Je ne crois pas au hasard. J'imagine plutôt des forces cosmiques qui nous guident avec plus ou moins de bienveillance et de neutralité vers des gens et des événements. Celles qui ont plongé Noémie dans son marasme sont maléfiques. Celles qui ont placé Monsieur Renoir sur sa route sont bénéfiques et généreuses. Marie-Fred l'a connu bien avant moi. Ce qu'elle m'en disait quand nous vivions la peur au ventre et la colère en étendard me réchauffait le cœur et me confortait dans l'espoir d'une sortie de crise, comme disent les politiques.

C'est donc en avril 2024 que je l'ai enfin rencontré sans imaginer un seul instant qu'il avait vécu de très près, bien qu'indirectement, le drame de Marion Fraisse. Je voulais le remercier mais aussi, considérant son témoignage comme capital, lui proposer d'intervenir dans ce livre. Avant de dévoiler mon intention, j'ai longuement parlé avec cet homme généreux, jovial, cultivé, passionné, attentionné, fan de foot et du Celtic de Glasgow, ce qui ne gâte rien, mais aussi largement désabusé, au terme, ou presque, d'une carrière dans le courant de laquelle il a vu le monde de l'Éducation nationale partir à vau-l'eau. Ses histoires sont édifiantes, parfois effrayantes. Peut-être en fera-t-il un livre un jour.

Quand, enfin, je me suis lancé, il n'a pas hésité un seul instant. C'était oui. Et même un grand oui qui m'a réjoui car je considérais son expérience dans cette histoire comme un élément indispensable de notre récit. Ses souvenirs personnels évoqués dans le chapitre consacré à Marion Fraisse sont le signe avant-coureur que je ne m'étais sans doute pas trompé. Totalement impliqué dans le sauvetage de notre fille face à une institution défaillante, Monsieur Renoir est l'homme qui a sauvé l'honneur de l'administration. Pour Noémie, pour Marie-Fred, pour moi, il est un héros.

*

Monsieur Renoir — Il existe une définition pénale du harcèlement moral. Il faut qu'il y ait des actes physiques et moraux. Ils doivent être répétés et entraîner une altération de la santé de la victime reconnue par un médecin. S'il n'y a pas d'altération de la santé, il n'y a pas de harcèlement ; s'il n'y a pas d'actes répétés, il n'y a pas de harcèlement. Il faut que ces actes existent. Dans le cas de Noémie, tel que je l'ai découvert, il y avait clairement un harcèlement moral. Tout était constitué.

Mon expérience m'a permis de constater que lorsque vous demandez à un chef d'établissement ou à un professeur quelle est la définition précise du harcèlement moral, souvent il ne la connaît pas, alors qu'il le devrait. Quand un élève vient se plaindre d'un harcèlement à caractère sexuel, il faut par exemple que vous ayez conscience de ce qu'est une agression sexuelle en termes de droit. À ce moment-là, vous pouvez demander à l'élève : « Décris-moi précisément la situation », et en fonction de ce qu'il vous répond, vous avez la possibilité de caractériser ce cas et d'estimer s'il y a bien harcèlement.

Quand on sait qualifier des faits, on peut appeler la gendarmerie, convoquer les parents des harcelés et des harceleurs, mettre en branle la justice interne et externe. Quand on ne sait pas les qualifier, trop souvent, le jeune harcelé va s'entendre répondre : « Il n'est pas gentil avec toi mais c'est un adolescent comme toi. » Ou alors : « Tu es trop susceptible. » C'est un peu ce qui s'est passé avec Marion Fraisse.

Un jour de janvier 2024, la conseillère principale d'éducation (CPE) du collège vient me dire : « Il y a un gros problème avec Noémie Ejnès. Un harcèlement moral très grave. C'est sur Internet. La jeune fille ne va pas bien du tout. Il faut que tu interviennes et que tu agisses tout de suite. » J'avais déjà entendu parler de cette affaire au mois de décembre mais pas de façon aussi alarmante.

Je ne connaissais pas Noémie puisque je ne l'avais jamais eue comme élève. Une réunion de la cellule pHARe a été très vite programmée. La cellule, composée de sept personnes dont trois membres de la direction, a bien fonctionné.

Au départ, chaque affaire est différente et complexe. Vous avez parfois des situations qui vous semblent très graves avec de jeunes harcelés qui s'en fichent complètement. Vous avez des parents qui réagissent, d'autres qui sont totalement absents ou qui disent : « Ce n'est pas grave, ce sont des enfants. » Vous avez des enfants qui pensent que ce qu'ils font n'est pas grave puisque leurs parents pensent que ce n'est pas grave. On se heurte à tout ça avec nos petits moyens.

J'apprends par ailleurs que Noémie est dans la même classe qu'Alice, une élève qui avait elle aussi été victime d'un harcèlement par le passé. Alice avait été mon élève l'année précédente. J'avais donné six heures de cours sur le harcèlement moral dans sa classe et pourtant un cas qui avait éclaté auparavant s'était poursuivi. Il ne concernait pas du tout Alice dont j'ignorais alors les problèmes qu'elle avait eus par le passé.

Nous avions par conséquent mis en place une méthode canadienne qui consiste à interroger à deux reprises et de façon individuelle tous les élèves de la classe. Il se trouve qu'Alice faisait partie des élèves que j'avais interrogés personnellement. J'ai eu l'impression que notre premier entretien lui avait permis de mieux cerner le harcèlement dont elle avait été victime. C'est lors du second entretien qu'elle m'avait révélé avoir été harcelée lorsqu'elle était à l'école primaire tout en me précisant : « Maintenant, c'est une affaire classée. » Je saurai un an plus tard qu'elle ne m'avait pas tout dit à cette époque.

Donc, quand Noémie a rencontré un problème, il n'est pas impossible qu'Alice, qui était sa seule copine, lui ait dit qu'elle pouvait avoir confiance en moi. Un jour, après que la CPE m'a alerté, Noémie est venue vers moi. Je crois que la principale était présente. Comme j'étais déjà au courant de l'affaire, nous avons pu en discuter dans le couloir. Il n'y avait pas d'élèves autour. Je lui ai expliqué qu'on allait travailler tranquillement sur son cas de harcèlement, que je savais qu'elle rencontrait des difficultés avec d'autres élèves, que j'allais l'aider et qu'elle devait être en confiance.

Puisque Alice était sa meilleure copine, j'ai proposé à Noémie que l'on se voie d'abord tous les trois. J'ai pensé que ça la rassurerait. Elles s'entendaient bien. Et puis pour moi, dans un souci d'efficacité, c'était mieux de les voir ensemble. J'en ai bien sûr parlé à la principale pour évoquer le cas de Noémie et obtenir le maximum d'informations.

Nous nous sommes vus tous les trois avec Alice et Noémie le vendredi 26 janvier. J'ai commencé par interroger Alice parce que, chronologiquement, son harcèlement précédait celui de Noémie. J'ai alors appris que ses problèmes avaient largement dépassé le cadre de l'école primaire, qu'ils s'étaient poursuivis au collège et à l'extérieur de l'établissement, par les mêmes individus, et qu'elle était encore en plein dedans puisqu'un incident grave l'avait opposée à ses harceleurs quatre jours plus tôt. Nous étions là dans les méandres inextricables d'un harcèlement avec des groupes qui se forment, qui attaquent, qui se décomposent, qui se recomposent, des ados qui nuisent, qui mentent, s'appuyant toujours sur une rumeur.

Je me suis retrouvé à gérer deux cas dans la même classe et de nature différente. Deux cas dans une classe, ce n'est pas fréquent, mais ce n'est hélas pas non plus exceptionnel. Ce jour-là, j'ai constaté que Noémie était éteinte, voire tendue, très blême, presque blanche, et qu'elle n'allait pas bien du tout. J'étais toutefois un peu rassuré de savoir que ses parents étaient derrière elle et très attentifs. On a commencé à discuter tous les trois. J'ai rapidement senti que Noémie était plus dans la réflexion et Alice plus dans le sentiment.

Pour Noémie, j'ai compris qu'il fallait agir vite, très vite. Je ne suis pas psychiatre, mais j'ai eu l'impression qu'elle pouvait basculer d'un côté comme de l'autre. Il y avait urgence.

Je voulais qu'elle soit en confiance, qu'elle comprenne qu'elle avait un sas de survie, qu'elle pouvait parler librement, qu'elle sente qu'elle allait être défendue. C'est aussi parce qu'à un moment donné, Marion Fraisse a peut-être pensé qu'elle n'avait pas de solution qu'elle a fini par commettre l'irréparable. J'ai donc dit clairement à Noémie : « On va vous défendre. »

Ce qui était bien, c'est qu'elle était très logique. Elle avait les idées claires, sa réflexion n'était pas entamée par son état. J'avais devant moi une jeune fille qui, si elle avait été décontractée, détendue, n'aurait sans doute pas été plus logique.

Après cette première réunion, je suis retourné voir la principale pour la lui raconter. Pendant toute l'affaire, la direction recevra par écrit les avancées des témoignages recueillis auprès d'Alice et de Noémie, jusqu'à la version finale. Je n'avais alors pas d'informations sur d'éventuelles sanctions.

À ce moment-là, je n'avais plus aucun contact avec la CPE, qui avait parfaitement joué son rôle de lanceuse d'alerte avant de suivre de près le dossier. Elle était en arrêt maladie. Pleine de bonne volonté, elle avait à cœur d'aider Noémie et s'était heurtée à une réalité qui l'avait chamboulée. Pour moi, c'était évidemment un atout de moins dans ma quête de justice.

Autant le dire tout de suite, les harceleurs ne passeront pas en conseil de discipline au motif qu'ils s'étaient excusés et qu'ils n'étaient pas à l'origine de la vidéo. En ce sens, l'on considérait qu'ils n'avaient pas attaqué directement Noémie…

Si l'instigateur de l'affaire est extérieur au collège, je persiste à penser que l'on pouvait s'interroger sur l'éventuelle complicité des élèves harceleurs du collège. Les images transmises représentaient une attaque frontale contre la victime et l'altération de la santé de Noémie était avérée. Mais c'est à l'enquête de gendarmerie que revient la responsabilité de qualifier les faits *in fine* et au juge de dire la loi en dernier recours.

Après le premier entretien à trois au cours duquel c'était surtout Alice qui avait parlé, j'ai très vite revu Noémie toute seule. C'était le vendredi 2 février. Je n'avais pas trouvé d'autre éducateur pour être présent. Là, on touche les limites de nos moyens. Ça a bien marché. Elle avait intégré le fait que je pouvais l'aider. On se connaissait un peu mieux. Établir une relation de confiance dans ce cas de figure n'est jamais simple. Noémie a vécu un processus de destruction déshumanisé. Sur les réseaux sociaux, certains enfants se sentent comme des adultes et même au-dessus des adultes.

Au fil de l'interview, qui a duré plus de deux heures, toute tension a disparu. J'ai bien compris qu'il n'y avait pas qu'un seul harceleur et qu'au-delà du cyberharcèlement, il y avait un groupe de filles qui l'oppressaient. Noémie m'a fourni toutes les informations. Arthur qui était en relation avec Kevin, un copain extérieur au collège ; Dylan qui a transmis en disant « je ne sais pas si c'est Noémie » ; Jules qui a refusé de transmettre. Un groupe qui a dit non, un groupe qui a transmis en disant « on ne sait pas », le groupe des filles qui ont profité de la vidéo pour harceler Noémie.

Arthur, je le connaissais très bien pour l'avoir eu comme élève. Sa conduite ayant été loin d'être irréprochable, en tant que professeur principal, j'avais réclamé à son encontre en conseil de classe des sanctions correspondant à des avertissements. Elles avaient été acceptées.

Dans la foulée de ce conseil, lors d'une rencontre parents-professeurs en individuel, je m'étais retrouvé face à sa mère en présence d'une collègue. Rapidement, elle s'était mise en colère contre moi en me disant que j'étais nul et incompétent, qu'elle allait briser ma carrière et que j'étais nul également comme professeur principal car je ne l'avais pas alertée plus tôt.

Ensuite, elle est sortie de la salle de classe en hurlant devant des collègues : « Vous êtes nul ! » Après elle est allée pleurer chez le principal adjoint qui l'a consolée un peu. Une fois chez elle, elle a écrit une lettre d'une extrême violence contre moi qu'elle a envoyée à la direction du collège et au rectorat pour me casser. La direction m'a dit : « Cette lettre, il vaut mieux que vous ne la lisiez pas. » Je l'ai quand même lue. Compte tenu de ce qui y était écrit et des menaces qu'elle contenait, je suis allé déposer une main courante à la gendarmerie en décrivant tout ce qui s'était passé.

Pour en revenir à Noémie, j'ai donc continué à la voir de façon informelle pour la soutenir. Je lui ai expliqué que généralement il existe deux motifs d'exclusion temporaire ou définitive d'un élève : lorsqu'il y a violence physique, ou quand un élève, par son comportement, devient trop gênant pour le fonctionnement de sa classe et de l'établissement. Or, dans le cas de Noémie, il n'y avait pas de violences physiques et sa situation ne faisait pas dysfonctionner l'établissement. Lorsqu'il n'y a pas de conseil de discipline, les choses sont censées se calmer par la discussion et le temps qui passe. On se voit, on discute, on réunit les enfants concernés pour qu'ils s'excusent ou qu'ils pardonnent et se rabibochent. Le risque de cette démarche est de donner l'impression que rien n'a été fait et que l'on débouche sur le « pas de vagues ». Elle est fondée sur un empirisme qui risque parfois de nous éloigner de la qualification juridique des faits. Là, à l'arrivée, il y a un enfant en grande fragilité et tout un collège qui observe ce qui va se passer, qui est dans l'attente d'une réaction de la direction.

Dans ces conditions, j'ai proposé à la principale de me rendre dans toutes les classes de troisième pour parler du harcèlement moral et du cas de Noémie puisqu'il était presque devenu de notoriété publique. C'était d'autant plus nécessaire qu'un certain nombre d'élèves, dont la proportion était difficile à quantifier, ne connaissaient l'affaire que par des rumeurs et qu'il était nécessaire de rétablir la vérité en même temps que la dignité de Noémie. Noémie et Alice ont été totalement associées à cette démarche. Noémie m'a dit qu'elle ne souhaitait pas être citée ailleurs que dans sa propre classe. L'exercice me semblait difficile car il ne s'agissait pas de propager une information mais de l'endiguer et de la remplacer par la vérité.

Début février, je suis donc passé dans plusieurs classes de troisième pour aborder le sujet. Dans les deux classes où je n'ai pas pu intervenir pour cause d'emploi du temps, deux autres professeurs ont pris le relais. Le vendredi 9 février, je suis allé dans celle de Noémie. J'avais déjà travaillé sur le harcèlement avec certains des élèves de cette classe que j'avais eus en quatrième. Ils connaissaient la thématique. La veille, alors que j'avais croisé Noémie dans un couloir, elle m'avait annoncé qu'elle allait changer de collège. Son visage n'était plus du tout le même ; il était détendu, apaisé.

Dans les autres classes, mes collègues et moi-même étions restés dans un discours général. Dans celle de Noémie, puisqu'elle avait accepté d'y être citée nommément, je l'ai fait et j'ai également annoncé qu'elle allait quitter le collège. La vérité m'oblige à dire que je n'avais pas vu que Noémie était présente dans la salle. Comme elle m'avait annoncé son départ la veille, je pensais qu'elle ne reviendrait pas. Ce n'est qu'au bout d'un certain temps que je me suis aperçu qu'elle était là, un peu cachée, au troisième rang. Comme ça la gênait que l'on parle d'elle, elle s'était recroquevillée, la tête pas loin des genoux.

Mon intervention a duré une heure. J'ai notamment dit : « Quand, sur une vidéo, il n'y a pas de visage et qu'on ne sait donc pas qui c'est, c'est facile de dire : c'est lui ou c'est elle, de salir une fille. Oui, c'est facile comme tout et vous faites souffrir quelqu'un. »

Afin qu'ils se mettent à sa place, je leur ai fait comprendre que n'importe quelle vidéo peut être un support pour harceler quelqu'un et le faire souffrir. J'ai bien précisé que Noémie n'avait aucun rapport avec cette vidéo et qu'elle ne l'avait jamais regardée. Et bien sûr je n'ai jamais donné les noms des harceleurs.

J'ai vu en face de moi des élèves désolés, choqués, tristes. Ils écoutaient religieusement. Certains découvraient seulement l'affaire. Ils avaient vraiment de la peine. Bien sûr, Noémie pensait que tous les élèves du collège étaient au courant et elle en souffrait affreusement, mais ce n'était pas le cas. On voyait que toute cette histoire leur semblait malsaine, qu'ils comprenaient que c'était grave. Le civisme de la grande majorité des élèves est réel. Ils ont un sens de la justice qui n'est pas le nôtre : ils sont partisans de sanctions dures lorsqu'ils considèrent qu'une situation est inacceptable.

Après mon intervention, j'ai discuté avec Noémie. Je lui ai dit : « Vous avez vu la réaction des élèves ?

C'est une classe gentille. Ils étaient désolés pour vous, ils savent que vous n'avez rien à voir avec tout ça. Ils sont du bon côté. Vous voyez les harceleurs ? Eh bien, maintenant, ce sont eux qui sont pointés du doigt, ce sont eux qui sont ridicules. Tout le monde connaît leurs noms, bien qu'ils n'aient pas été cités, et tout le monde sait que ce sont eux qui ont des problèmes qui les poussent à harceler. Quand on harcèle quelqu'un, c'est qu'on a des problèmes avec soi-même. Le problème, ce n'est pas vous, c'est eux. Et maintenant tout le monde le sait. Vous êtes une belle personne. Ils ne peuvent pas toucher à votre lumière. »

Voilà, c'était injuste mais elle allait partir. Je crois qu'elle a été capable de faire la translation grâce à sa maturité. Heureusement qu'elle n'était pas dans l'affectif pur car cela aurait pu être dramatique. Son caractère et son intelligence lui ont permis assez vite d'avoir un peu de recul dans une histoire dont, au départ, il était impossible de prévoir l'issue. Marion Fraisse, elle, ne parlait pas de ses souffrances.

Après le départ de Noémie et au retour des vacances de février, au début d'un cours d'histoire de l'une de mes classes de troisième où j'étais intervenu sur cette affaire, une élève a levé la main pour me demander : « Monsieur, ils ont eu quoi les harceleurs ? » Je lui ai répondu la vérité : aucun conseil de discipline n'avait été convoqué à cette date et Noémie avait choisi de changer d'établissement. Je ne suis pas persuadé que ma réponse ait convaincu cette élève, ni la classe.

CHAPITRE 14

Notre part d'ombre

(Par Gérard et Marie-Frédérique)

Dans la tourmente, une fois rudement balayé le si confortable « ça n'arrive qu'aux autres », nous avons cherché à connaître et à comprendre le phénomène du harcèlement scolaire ; un phénomène dont nous devinions, mais tout le monde le devinait, ou mieux encore, le savait, qu'il était en plein développement.

Nous renseigner ne nous a pas paru relever d'une curiosité malsaine. Nous avons d'abord découvert l'importance du monde scolaire en chiffres. Les sources du ministère de l'Éducation nationale et de la Jeunesse nous ont appris qu'en 2023, il y avait en France 12 millions d'écoliers, de collégiens et de lycéens, 6 350 000 dans le premier degré, 3 400 000 répartis dans les 7 000 collèges du pays et 2 250 000 dans les lycées. Ces élèves étaient pris en charge par 854 000 enseignants. L'Éducation nationale est bien un mammouth.

Nous sommes ensuite tombés sur une enquête réalisée par l'IFOP pour le compte de l'association Marion La main tendue, créée par Nora Fraisse, la mère de Marion. Publiée le 7 novembre 2023, deux jours avant la journée nationale contre le harcèlement scolaire, elle faisait apparaître qu'environ un collégien ou lycéen sur cinq était victime d'une forme de harcèlement.

Le chiffre nous a semblé incroyablement élevé, même si nous avons fait la part des choses entre les différents types de harcèlement existants, du plus léger au plus lourd.

Nous avons appris ensuite que plus de la moitié des victimes étaient au collège, que 35 % des élèves en situation de handicap étaient concernés, que 28 % des enfants roux étaient touchés – Poil de Carotte n'a pas vieilli –, que 30 % des jeunes inscrits en internat étaient ciblés. Nous avons également découvert que 58 % des élèves harcelés avaient déjà pensé à se faire du mal, que 60 % des enseignants, donc implicitement des directions d'établissement, avaient dû gérer au moins un cas de harcèlement et que 65 % d'entre eux s'estimaient mal armés pour y faire face.

Nous nous sommes enfin plongés dans une enquête publiée début février 2024. Elle a été réalisée par le ministère de l'Éducation nationale à partir de plus de vingt mille échantillons des questionnaires remplis par les élèves lors de la journée nationale contre le harcèlement du 9 novembre 2023. Les résultats sont stupéfiants : 5 % des écoliers du CE2 au CM2 ont peur d'aller à l'école, contre 2 % des collégiens et 2 % des lycéens.

Tous niveaux confondus, 5 % des élèves déclarent ne pas avoir d'ami ou d'amie dans leur établissement, 7 % des collégiens et 5 % des lycéens affirment que des élèves font courir des rumeurs sur eux, 11 % des collégiens et 7 % des lycéens prétendent qu'un ou plusieurs élèves se sont moqués d'eux ou les ont insultés. Enfin, 5 % des collégiens se sont déclarés victimes d'au moins cinq atteintes ou plus dans le cadre d'un harcèlement. Au total, 5 % des écoliers, 6 % des collégiens et 4 % des lycéens se disent victimes de harceleurs.

Rapporté aux chiffres totaux des enfants scolarisés, cela représente des centaines de milliers d'élèves, le chiffre le plus couramment retenu par le ministère de l'Éducation nationale étant de sept cent mille. Appelons cela d'autant plus un fléau, que les deux premières années du primaire (CP et CE1) n'ayant pas été prises en compte, on ne parle pas là de sept cent mille sur douze millions mais sur environ dix millions.

La réalité est terrible. Non seulement ça n'arrive pas qu'aux autres, nous sommes désormais bien placés pour le savoir, mais ça arrive surtout à beaucoup de monde, à beaucoup de parents comme nous, condamnés à faire face à une situation imprévue et effrayante – à supposer bien sûr que les victimes aient la force de faire part de leur souffrance à leur entourage familial ou scolaire. Sinon, il faut vivre dans le doute ou l'ignorance, ce qui est encore pire. Par bonheur, Noémie a parlé.

Ces constats effectués, il demeurait une question majeure : pourquoi Noémie ? Avec son corollaire :

pourquoi nous ? Il nous a été impossible d'échapper à ces interrogations ; elles nous ont taraudés au plus fort des souffrances de notre fille. Toujours présentes, elles nous ont placés face à un miroir renvoyant des innocences et des culpabilités qu'il est extrêmement compliqué de démêler.

Dans le « pourquoi Noémie ? », il y a évidemment « notre Noémie », son étrange personnalité, son caractère entier et souvent cassant qui peut la faire passer pour hautaine, sa trop grande maturité, son décalage par rapport à ses condisciples, sa capacité à s'isoler et à devenir une cible. Sans oublier une navrante évidence : harcelé un jour, harcelé toujours.

On peut pointer également sans risque d'erreur la pieuvre tentaculaire et étouffante des réseaux sociaux, qui est une sorte de punition divine pour tous les parents. Un écran est un ami qui en quelques secondes peut muter en ennemi. Pareil au chant des sirènes, il est susceptible d'ensorceler avant de détruire.

Mais nous ? Oui, nous, qu'avons-nous fait pour prévenir le pire ? Avons-nous toujours eu les bonnes attitudes ? Avons-nous toujours pris les bonnes décisions ? Soyons francs. Nous ne pouvons pas nier une part de responsabilité, aussi minime soit-elle – mais elle n'est pas minime. On n'échappe pas aux complexités de la parentalité et de ses fameuses dimensions « matérielle, psychologique, morale, culturelle, sociale » définies par le Comité national de soutien à la parentalité. Il existe depuis 2010 ; tout existe.

Dans une telle histoire, se sentir moins seul ne peut ni nous rassurer, ni nous réjouir, bien au contraire, ni nous gratifier soudainement d'une science infuse pour gérer une situation dont nous sommes donc en partie responsables. Soit par pur concours de circonstances, soit par légèreté, par négligence.

Nous avons déjà évoqué le souci constitué par l'âge du père de Noémie, cinquante-huit ans à sa naissance, et ses potentielles conséquences dès le primaire sur son isolement : entre remarques naïves ou franchement blessantes de la part de ses jeunes camarades, Noémie a souffert de cette situation. Début mai 2024, elle nous a fourni une nouvelle preuve qu'elle était toujours susceptible de se heurter à ce mur que les années ne font qu'agrandir. Si l'écart d'âge est d'une définitive stabilité, l'apparence physique évolue dans le bon sens pour elle qui s'épanouit, dans le mauvais pour son père qui se fane.

Le 7 mai 2024, comme tous les élèves de troisième de son nouveau collège, Noémie est passée devant un jury de deux professeurs pour présenter le sujet oral qu'elle allait soutenir lors des épreuves du brevet programmées début juillet. Une répétition générale en somme. Elle avait choisi elle-même une thématique football – elle adore suivre l'actualité de ce sport. Elle avait pour la première fois depuis longtemps travaillé avec son papa sur cette présentation.

Peu importe le résultat, l'épreuve n'était pas notée, mais ce jour-là, nous avons retrouvé en elle un esprit de révolte quand elle nous a raconté en fulminant un épisode de l'entretien : « Un des profs m'a demandé si je jouais au football. Je lui ai dit que non. Il a alors voulu savoir pourquoi j'avais choisi ce sujet. Je lui ai répondu que je baignais dedans depuis que j'étais petite parce que mon père avait été journaliste à *L'Équipe* et à *France Football*. Et là, il m'a demandé pourquoi j'avais dit "avait travaillé" et non pas "travaille". Ça m'a énervée. De quoi il se mêle ? Ça n'a rien à voir avec le sujet. Ça, c'est notre famille, ça ne le regarde pas. » Elle a encore confessé avoir dit que son père était à la retraite mais nous avons senti que ça lui avait beaucoup coûté. C'est ainsi pour son père : Noémie est une enfant de vieux. Elle a dû en payer le prix fort.

La seconde raison, nous parlons là de la raison majeure et qui relève cette fois-ci de notre responsabilité totale, est bien sûr notre incapacité absolue à contrôler l'usage de son téléphone et donc des réseaux sociaux. Si nous n'étions pas tout à fait d'accord sur l'âge auquel elle aurait dû avoir son premier portable, à supposer qu'elle ne l'ait pas eu en CM2, elle l'aurait sans doute eu en sixième, ce qui n'aurait pas changé grand-chose.

Mais fallait-il dès son entrée au collège lui offrir un forfait permettant d'accéder à des modes de communication, à des réseaux qui nous échappaient totalement puisque, rappelons-le, nous ne « twittons » pas, nous ne « facebookons » pas, et nous ne sommes jamais allés sur les réseaux sociaux ? Les groupes WhatsApp d'amis, qu'ils soient permanents ou temporaires en fonction des événements de notre vie quotidienne, ont toujours largement suffi à satisfaire notre maigre appétit et nos besoins.

Nous n'avons pas eu le même genre de soucis avec Robin. S'il passe lui aussi des heures, beaucoup trop à notre avis, sur ses écrans, nous savons précisément ce qu'il y consomme : des jeux en ligne avec ses copains sur son ordinateur. Il suffit d'aller dans sa chambre pour en faire le constat. Même pas besoin d'y entrer d'ailleurs puisqu'il hurle en jouant. Sinon, il se gave de vidéos culturelles ou comiques sur son téléphone, en français comme en anglais. Là encore, c'est facile à vérifier, le haut-parleur est toujours allumé. Dans ces interminables moments, il est tellement pris par ce qu'il regarde ou écoute que nous ne sommes jamais certains qu'il ait bien entendu ou compris notre question lorsqu'il y répond. Il nous est arrivé de nous en énerver. Jamais de sévir.

Noémie, c'est autre chose. Elle qui aime tant s'isoler dans sa chambre durant des heures, portable en main, dans la journée mais souvent aussi jusqu'à une heure avancée de la nuit, est une consommatrice effrénée et totalement libre. À chaque fois que nous l'avons interrogée sur la face cachée de cet objet, elle ne nous a pas répondu, ou alors de façon plus qu'évasive.

Combien de fois son papa s'est-il inquiété auprès de sa maman en demandant : « Mais tu sais ce qu'elle regarde sur son téléphone ? »

« Surtout des trucs sur les chevaux » a été la réponse privilégiée et tellement rassurante.

Soyons francs, dans ce qui est devenu un combat de titans, nous avons failli. Nous connaissions les risques, nous avons joué à pile ou face, nous avons perdu. Aujourd'hui, comment ne pas avouer et regretter notre renoncement face au tsunami du progrès. Peut-être la situation aurait-elle été la même et le drame identique si nous avions été plus exigeants, plus sévères ? Peut-être, en effet. Mais « peut-être » est un mot composé qui ne cherche pas à dissimuler la notion de doute qui l'habite.

Au regard de ce que nous avons raté, nous sommes mal placés pour donner un conseil aux autres parents. Nous le donnons quand même : battez-vous contre les monstres potentiels, ces réseaux qui peuvent tuer. Protégez vos enfants au risque de les fâcher, de provoquer des crises et des conflits. Ne lâchez jamais parce que le danger, lui, ne lâche jamais et qu'il est immense.

CHAPITRE 15

« Ma fille est harcelée dans cet établissement ! »

(Par Gérard)

Je ne veux plus reculer devant les obstacles, je suis passé en mode offensif. Mon prochain objectif est identifié : ébruiter l'affaire afin que les harceleurs mettent un terme à leurs agissements puis qu'ils soient sanctionnés. Marie-Frédérique reçoit les mails généraux du collège. J'en reçois également mais je ne les regarde pas vraiment. Elle m'informe que l'établissement a programmé une réunion consacrée à l'orientation vers la classe de seconde le jeudi 1er février dans la soirée.

De nombreux parents seront présents. Je commence à échafauder un plan. Cette rencontre tombe parfaitement bien. Et pas seulement par rapport aux informations que nous pouvons espérer y recueillir. Noémie est très loin de tout ça en ce moment et nous ne parvenons toujours pas à savoir précisément ce qui l'intéresse. Remplir son dossier n'est pas vraiment le premier de nos soucis. Elle ira quelque part et elle fera quelque chose, voilà tout.

Aucun élève n'est abandonné sur le bas-côté. C'est la force et la grandeur de notre système scolaire.

Mon plan se construit petit à petit. J'imagine déjà ce que je vais dire, comment je vais le dire, je me demande si j'oserai le dire et tout ça tourne en boucle dans ma tête.

Après en avoir discuté avec Marie-Frédérique, je me rends seul à la réunion. Cinq jours après ma première visite, j'entre dans le collège pour la deuxième fois. Mon regard se heurte aux dessins consacrés au harcèlement qui me semblent être des ricanements, puis je me dirige vers le réfectoire où les tables et les chaises ont été installées face à l'estrade. Plus d'une centaine de parents sont présents, quelques-uns sont venus avec leurs enfants.

Je m'installe à l'avant de la salle, au centre. La majorité du public se trouve dans mon dos mais les intervenants sont à portée de vue et de voix.

La réunion commence. La principale et son adjointe se tiennent curieusement l'une à côté de l'autre dans un coin de la salle. Elles abandonnent la fonction d'animatrice à une jeune femme qui se présente comme la psychologue scolaire responsable notamment de l'établissement. Je suis surpris que ce soit elle qui conduise les débats, mais pourquoi pas, après tout ? Et d'une certaine façon, ça m'arrange. Je ne suis pas venu simplement pour écouter.

Le discours introductif me permet d'accepter l'idée qu'à un moment ou à un autre, il va bien falloir aller sur Internet pour remplir ce fichu dossier avec trois noms d'établissements, dans l'ordre hiérarchique de préférence, et une dizaine, me semble-t-il, ce qui me paraît énorme, de choix potentiels d'orientation. J'ai bien compris que tous les lycées ne proposent pas l'ensemble des filières. Cela a déjà un air de Parcoursup en modèle réduit. Il n'est jamais trop tôt après tout pour préparer les futurs grands défis.

Vient ensuite le jeu habituel des questions-réponses. Je note que la psychologue n'hésite jamais à faire la promo des filières professionnelles. Je ne peux pas lui donner tort, l'idée à terme d'une école hôtelière pour Noémie me plaît bien. À elle, pas du tout, elle me l'a dit très fermement, mais à chacun sa marotte et puis dans le contexte actuel, ça me rassure d'imaginer une porte de sortie.

Les parents se succèdent, avec ou sans micro, ce qui rend inaudible, pour moi en tout cas qui n'ai plus l'ouïe très fine, un certain nombre de questions que je reconstruis en fonction de la réponse.

« Est-ce que vous pensez que le latin… ? », « Est-il possible d'envisager de… ? », « A-t-on la possibilité de faire du chinois… ? », « Peut-on revenir en arrière à partir de la première si jamais on se rend compte que… ? », « Quel est le programme de maths dans telle filière ? », « Peut-on aller ailleurs que dans son lycée de secteur ? » J'écoute défiler la litanie des questions très générales ou très personnelles, mais souvent pertinentes et forcément importantes pour ceux qui les posent. J'écoute aussi les réponses qui se veulent aussi précises que possible.

La psychologue est vive et enjouée. Elle maîtrise son sujet. Et si, d'aventure, elle a le moindre doute ou besoin d'une précision, la principale intervient. Elle aussi est pétulante, heureuse d'être là et de pouvoir aider, rassurer, agir. Tout ce que nous attendons d'elle en somme depuis des mois et qui nous est refusé.

Même muré dans mon silence, elle n'a pas pu ne pas me voir. Et comment ne m'aurait-elle pas reconnu cinq jours seulement après notre première rencontre ? J'imagine qu'elle n'a aucune raison de se sentir inquiète. En bon père de famille d'une élève de troisième, je suis là où je dois être ce soir, parmi les autres parents.

Je me retourne de temps en temps pour voir le nombre de mains qui se lèvent. J'attends l'instant où la source va se tarir. « Encore une question ? » demande l'animatrice. Un volontaire se dévoue. « Une dernière question ? » relance-t-elle. Je laisse passer une seconde, deux secondes, cinq secondes. « Pas d'autre question ? » insiste-t-elle.

Depuis le début de la matinée, je me prépare pour ce moment. Je suis extrêmement nerveux, bien au-delà du raisonnable. Mon émotivité me rattrape. Je me suis beaucoup rongé les lèvres pendant la réunion en attendant mon heure, qui ne pouvait être que tardive. Je ne voulais pas entrer en scène avant que chacun ait pu obtenir sa réponse. Sensibiliser oui, perturber pourquoi pas, mais dans le respect des autres. Je lève la main.

— Monsieur ?

— Merci madame pour toutes les informations que vous nous avez données et qui sont très utiles. Pour ma part, je me trouve face à un cas un peu particulier. Voilà, je voudrais savoir ce qu'il faut faire lorsqu'un enfant n'a envie de rien ?

La réaction que j'avais anticipée se produit. Des rires s'élèvent dans l'assistance. Des sourires apparaissent sur les lèvres. Je dois faire un peu pitié et mon grand âge accentue sans doute le phénomène. La psychologue s'en amuse également et s'en satisfait. Elle doit voir en moi le parfait bon client pour clore la réunion sur quelques encouragements et conseils bienvenus. Je regarde la principale qui, elle, en revanche, ne sourit pas du tout. Son air est extrêmement méfiant. Au cas où j'aurais pu avoir un doute sur le fait qu'elle m'ait ou pas reconnu, je ne l'ai plus. Visiblement heureuse de conclure sur ma question, l'animatrice me répond avec beaucoup de bienveillance dans la voix et le regard.

— Monsieur, je sais que ce n'est pas toujours facile avec les ados. Il peut y avoir des problèmes, ils peuvent avoir du mal à exprimer leurs envies. Ils sont encore très jeunes. Il faut aller vers eux, leur parler, leur présenter les possibilités existantes. Il y a toujours une orientation qui va convenir parmi toutes celles qui sont proposées.

À ce moment-là, je me lève.

— Je comprends, madame, mais dans le cas dont je veux vous parler, c'est un peu différent. Cela fait plusieurs semaines et même des mois que ma fille est harcelée dans cet établissement. Un horrible et humiliant harcèlement. Je veux que tout le monde le sache. Elle est en dépression. Elle ne nous parle quasiment plus, elle ne mange plus, elle maigrit, elle ne vient pratiquement plus au collège, elle vit enfermée dans sa chambre en ruminant de sombres pensées et en attendant du soutien, votre soutien, le soutien des responsables de son collège.

Pendant que je parle, je vois se croiser plusieurs fois les regards de la psychologue et de la principale, visiblement inquiètes. La principale est la première à réagir.

— Monsieur, nous nous sommes vus samedi. Je vous ai dit qu'on s'en occupait.

— Qu'avez-vous fait de concret depuis samedi ? Nous, nous avons vécu cinq journées horribles.

La psychologue joue bien le coup et lui sauve la mise.

— Monsieur, ne peut-on pas plutôt en parler à l'issue de cette réunion ?

— Avec plaisir, madame.

J'ai transmis publiquement l'information. Mon but est atteint. Je ne veux pas maintenant que la soirée tourne à la foire d'empoigne.

La psychologue bâcle les remerciements puis libère les parents qui commencent à quitter la salle. Une maman vient me voir. Une seule. Je ne la connais pas.

— Bravo, monsieur. C'est très courageux ce que vous avez fait.

— Merci, madame. Je l'ai fait pour ma fille.

— Je vous comprends.

Elle ne m'en dit pas plus. Plus tard, une fois rentré à la maison, je raconterais l'épisode à Marie-Fred en lui parlant de cette maman. Elle me demandera de la lui décrire. « C'est la mère d'Alice », me dira-t-elle.

Pour l'heure, puisqu'elle m'a convié à le faire, je me dirige vers la psychologue. J'attends qu'elle en ait terminé avec les deux ou trois parents qui sont venus glaner d'ultimes bribes informatives. À nous deux.

— Monsieur, vous êtes sans doute le père de Noémie Ejne ?

Comme c'est souvent le cas, elle ne prononce pas le *s* final. J'en déduis qu'elle n'est pas très impliquée dans l'affaire.

— Oui, madame. Noémie Ejnès.

— Alors sachez que j'ai rendez-vous avec elle mardi prochain, je crois. Oui, c'est ça, mardi. Je vais la voir pour parler de cette affaire.

— Madame, le temps presse. Votre échelle du temps n'est pas la nôtre. Vous ne savez pas ce que nous vivons. Je voudrais juste vous poser une question. Vous suivez les informations, je suppose, surtout dans ce domaine du harcèlement ? Vous regardez la télé, vous lisez les journaux ?

— Bien sûr.

— Vous n'ignorez donc pas la façon dramatique dont se sont achevées certaines affaires. Vous savez forcément qu'entre un signe passager de mieux-être qu'un ado harcelé va renvoyer à ses parents qui le guettent tant, et l'instant d'un geste fatal et définitif, il ne peut parfois se passer que quelques minutes durant lesquelles on aura baissé la garde. Entre ces deux instants, il n'y a pas l'épaisseur d'une feuille de papier à cigarette.

— Oui, monsieur, je le sais.

La principale a tout entendu. Qu'a-t-elle compris ? Qu'a-t-elle retenu ?

Je les salue toutes les deux. Je repars vidé, épuisé.

Je suis encore dans l'émotion quand, le lendemain matin, dans *Le Parisien*, je tombe sur une pleine page titrée : « Elles disent stop au cyberharcèlement ». L'article est consacré à trois réalisatrices qui ont signé une série programmée sur Prime Vidéo et intitulée *Nudes*. Elle est consacrée aux phénomènes liés aux photos dénudées d'adolescentes sur les réseaux sociaux. Voici ce qu'en dit la réalisatrice, Sylvie Verheyde :

« Beaucoup de mes amies ont été confrontées au harcèlement scolaire de leurs enfants. Elles se sont trouvées face à un vide intersidéral : aucune aide, aucune réponse… Le cyberharcèlement, ce n'est pas juste des méchants avec un masque de méchants qui disent : "On est méchants." C'est très insidieux, parfois sans [que les harceleurs pensent] réellement à mal. La catastrophe arrive par les réseaux sociaux. Ça génère un sentiment de solitude, de honte extrême. »

Les autres sont-ils capables de comprendre ce que nous vivons ? Peut-être pas. Il faudrait pour cela qu'ils partagent physiquement nos déchirements internes, nos souffrances, nos détresses, nos angoisses. C'est impossible. Tout est tellement fragile, tellement sensible.

Le jour du dîner au restaurant chinois à volonté, le vendredi 2 février, Noémie ne m'a pas dit qu'elle avait rencontré Monsieur Renoir et, objectivement, je n'avais aucune explication à ce qui ressemblait vraiment à un mieux-être et m'a comblé.

Le week-end s'est achevé sans autre fait marquant. Noémie s'est remise à la diète. Marie-Fred est rentrée de son séjour à la campagne avec ses copines. Une parenthèse dont elle avait bien besoin. Nous avons commencé à envisager un éventuel changement de collège. Noémie ne semblait pas s'y opposer. Il nous semblait qu'un choix s'imposait. Le lendemain, il n'était plus question de choix mais quasiment d'obligation.

Je n'oublierai jamais la journée du lundi 5 février. Marie-Fred était partie sur un chantier. Le matin, mue par une sorte de réflexe pavlovien, Noémie était allée faire un tour au collège. De mon côté, j'avais la perspective sympathique d'un déjeuner à Paris avec un ami très cher.

Je me trouvais encore à la maison quand Noémie est rentrée, bien avant l'heure prévue, mais cela faisait un certain temps que l'on ne faisait plus de pronostics sur ses horaires. À sa façon brutale de balancer son sac par terre, j'ai immédiatement vu qu'elle n'allait pas bien du tout. Je lui ai demandé ce qui se passait. Avec des sanglots dans la voix, elle m'a répondu : « C'est Louise… », puis elle a filé dans sa chambre s'effondrer sur son lit.

Inutile de chercher à en savoir plus. J'étais bouleversé. Et indécis. Que devais-je faire ? Pouvais-je la laisser seule avec ses tourments ? Et avec les risques que cela comportait. Je suis tout de même allé la voir. Elle était en larmes sous sa couette. J'ai essayé de la calmer, sans grand résultat. Je lui ai demandé si je pouvais la laisser pour aller à mon déjeuner ou si elle préférait que je reste. Une posture évidemment très lâche car c'était à moi de prendre la décision, pas à elle. Elle m'a répondu que je pouvais partir, qu'elle voulait rester seule.

J'avoue, et je n'en suis pas fier, que sa réponse m'arrangeait. Nous avions eu tellement de mal à trouver une date avec mon ami et il s'agissait pour moi d'une belle respiration. Après quelques recommandations très hypocrites du genre : « Tu m'appelles quand tu veux si ça ne va pas ma chérie », comme si ça allait au moment où je lui disais ça, je suis parti. Direction le RER et la gare du Nord, très loin de chez nous.

À peine la rame a-t-elle démarré que j'ai commencé à me culpabiliser et à m'inquiéter. Arrivé à Paris, j'ai téléphoné à Noémie. Pas de réponse. J'ai insisté, en vain. Je lui ai envoyé un SMS. Pas de réponse. Je me suis persuadé qu'elle dormait, ce qui n'était pas illogique puisqu'elle dormait presque tout le temps. Mais c'était trop tard, le mal était fait. Au restaurant, j'ai fait bonne figure. La discussion était sympa mais j'avais l'esprit ailleurs. Je pensais en permanence à Noémie. Comment avais-je pu la laisser seule ? Je lui ai envoyé une salve de SMS après avoir présenté mes excuses à mon compagnon de table. Toujours rien.

Comme pour me soulager, j'ai raconté à mon ami l'histoire de Noémie. Il en a été stupéfié. Je me suis senti moins seul et il m'a compris. Pas de dessert, l'addition, bye-bye, je suis reparti. Avant de prendre le chemin du retour, j'ai de nouveau téléphoné à Noémie. Pas de réponse. J'ai appelé Marie-Fred, laissé un message affolé sur son répondeur. J'étais dans le RER et en panique. Je n'étais plus très loin d'être arrivé quand Marie-Fred m'a téléphoné : elle avait réussi à joindre Noémie qui lui avait dit qu'elle avait dormi. À la maison, je me suis dirigé droit vers sa chambre. Elle s'était rendormie. Voilà. Il ne s'était rien passé. Tout allait bien. J'étais détruit et honteux.

Ainsi va la vie quotidienne de parents dont l'enfant est victime d'un harcèlement scolaire.

CHAPITRE 16

Face à la mère d'un harceleur

(Par Gérard)

Je ne réponds jamais au téléphone quand je ne peux pas identifier immédiatement l'auteur de l'appel – en gros, quand un numéro s'affiche plutôt qu'un nom. Je n'ai pas besoin de changer de fournisseur d'énergie, d'opérateur téléphonique, de mutuelle. Je n'ai pas besoin de volets, ni de nouvelle toiture. Je ne suis pas sensible aux sondages.

Quelques jours avant la fameuse journée portes ouvertes qui m'avait fait entrer pour la première fois dans le collège de Noémie et rencontrer la principale, allez savoir pourquoi, j'ai répondu à ce numéro qui commençait par 01. J'ai bien fait, c'était justement cette dernière. Je ne l'avais donc encore jamais vue ni ne lui avais parlé. Après s'être présentée, elle m'a demandé si je serais d'accord pour qu'elle donne mon numéro à la mère d'Arthur, l'initiateur du harcèlement à l'intérieur du collège. Celle-ci souhaitait me rencontrer. Il m'a fallu réagir très vite. J'aurais pu essayer de gagner du temps, lui dire que j'allais réfléchir. Je ne l'ai pas fait. En quelques secondes, j'ai pesé le pour et le contre. Pour moi, quel était l'intérêt de cette rencontre ? Et en quoi pouvait-elle aider Noémie ? J'ai eu tendance à me répondre intérieurement « aucun » et « à rien ». Pourtant, j'ai dit oui. L'être humain est condamné à vivre avec ses contradictions. Et puis, après tout, cet échange m'aiderait peut-être à mieux comprendre la situation, donc à mieux me situer dans ce cloaque.

Le soir, quand j'ai fait part de cet appel à Marie-Frédérique, une colère froide l'a saisie. « Moi, j'attends toujours que la principale m'appelle », m'a-t-elle dit. Elle se battait depuis des semaines contre des moulins à vent. Pour la détendre, j'ai plaisanté sur les lenteurs de l'administration. Ça ne l'a pas vraiment calmée.

Le samedi 27 janvier, jour des portes ouvertes, je n'avais toujours pas reçu d'appel de la mère d'Arthur. Je ne m'en formalisais pas. J'avais en revanche appris par Marie-Frédérique que Monsieur Renoir, que je ne connaissais pas alors, avait déposé une main courante contre elle après un rendez-vous musclé qui avait eu lieu bien avant l'affaire concernant Noémie. Il y avait là de quoi m'interpeller et éveiller ma méfiance.

Le jeudi 1er février, jour de la réunion d'orientation, j'étais toujours dans l'attente de l'appel de la mère d'Arthur. Je ne m'inquiétais pas plus que ça. Pour l'instant, mon combat était ailleurs. Le lundi 5 février, la principale m'a finalement rappelé pour me proposer de rencontrer la mère d'Arthur le surlendemain, en sa présence et celle de son adjointe. Méfiance ou pas, j'ai immédiatement donné mon accord.

Le mardi 6 février, Noémie est rentrée d'un court passage au collège le cœur et l'âme aussi lourds qu'à l'habitude. Ni plus ni moins. Elle nous a dit qu'Arthur lui avait écrit une lettre d'excuses que la principale lui avait remise. C'est elle qui avait exigé cette lettre. J'ai pensé que ce n'était pas grand-chose mais que ce n'était pas rien. Noémie nous a montré le courrier ; effectivement ce n'était pas rien.

Il commençait ainsi : « Lettre veuillant s'excuser au près [sic] de Noémie Fjnès. » On pouvait notamment y lire qu'Arthur s'excusait pour sa méchanceté mais qu'il n'avait pas eu l'intention de faire tout ce mal, et qu'il regrettait une action dont il n'imaginait pas qu'elle prendrait de telles proportions. Il précisait qu'il était sous le choc quand il avait reçu les images de Noémie, qu'il ne pensait pas qu'elle était capable d'un tel acte et qu'il les avait transmises parce qu'il ne parvenait pas à garder cela pour lui tout en précisant qu'il ne souhaitait pas qu'elles soient envoyées à d'autres personnes. Après avoir assumé sa faute, il s'excusait également au sujet de la blague disant que Noémie ressemblait à un trans.

Que cette lettre ait été à l'évidence écrite sur commande et non spontanément n'était pas un problème. L'intention était sans doute louable. En revanche, pour nous parents, l'inutile dernier paragraphe avec la

« blague » du trans en était un. Il n'aurait plus manqué qu'il décrive le contenu de la vidéo avant de s'en excuser pour boucler la boucle.

Noémie nous dira bien plus tard que cette lettre ne lui avait fait ni chaud ni froid, ni du bien ni du mal, que la saillie sur le transsexuel était juste pour elle une preuve de l'immaturité d'Arthur « tellement c'était nul ».

Le mercredi 7 février dans la matinée, quarante-huit heures avant le début des vacances d'hiver, je suis donc retourné pour la troisième fois en dix jours dans ce collège qui m'avait été si longtemps inconnu. La mère d'Arthur n'était pas encore arrivée. La principale m'a demandé de patienter. J'étais un peu stressé. La main courante du professeur me trottait dans la tête. Par ailleurs, je savais que cette dame travaillait dans le monde judiciaire. De quoi me rendre extrêmement prudent. Je m'attendais à avoir affaire à forte partie.

Dès qu'elle est arrivée, nous nous sommes installés dans le bureau de la principale autour d'une table ronde. L'adjointe était également présente. Le casting avait de l'allure. Apparemment, je m'étais inquiété pour rien. J'avais devant moi une maman, simplement une maman, qui avait l'air franchement désolé.

— Voilà, je voudrais tout d'abord vous présenter mes excuses pour ce qu'a fait mon fils.

— Mais madame, vous n'avez pas à vous excuser. Vous n'avez rien fait. C'est votre fils, le coupable.

J'avais décidé d'être courtois et prudent, même si en mon for intérieur je ne l'exonérais pas d'une certaine responsabilité par rapport aux actes de son fils qui continuaient à produire leurs terribles dégâts.

— Vous savez, Arthur ne réfléchit pas avant d'agir et puis il passe tellement de temps sur les écrans. C'est très difficile de contrôler tout ça.

— Bien sûr.

Elle était en train de m'expliquer qu'il est très compliqué d'élever un enfant, surtout à l'adolescence – merci, j'étais au courant. Elle a répété à plusieurs reprises que son fils était très immature, qu'il faisait des bêtises, qu'elle ne pouvait pas le surveiller en permanence. Elle a ajouté qu'elle l'avait emmené à la gendarmerie. Un point impossible à vérifier sur l'instant. Les gendarmes étaient venus au collège, c'est certain. Ils avaient saisi des téléphones pour avoir la preuve de l'existence de la vidéo, c'est certain. À ce stade, la suite demeurait floue.

La discussion commençait à tourner en rond.

La principale m'a alors demandé si je savais qu'Arthur avait écrit une lettre d'excuses à Noémie. Je lui ai répondu que j'étais bien sûr au courant et que j'avais beaucoup apprécié qu'il lui rappelle l'avoir traitée de « trans »...

La tension montait dans la pièce. C'est le moment qu'a choisi la maman, peut-être pas aussi contrite qu'il y paraissait, pour dégainer son arme fatale. Elle m'a d'abord demandé si j'avais vu la fameuse vidéo. Ce n'était évidemment pas le cas, ce que je lui ai fait savoir. Elle est apparue alors très surprise. À son air accusateur, j'ai tout de suite compris qu'elle croyait toujours que c'était Noémie qui figurait sur les images, ce qu'elle m'a d'ailleurs confirmé. Malgré mes dénégations, qui ont paru accroître sa stupéfaction, elle a insisté en me disant que parfois les enfants font des choses en secret qui échappent aux parents.

J'ai pensé qu'elle devait parler de son fils. J'ai également pensé que la principale ne lui avait même pas dit que ce n'était pas Noémie qui apparaissait sur les images. J'ai surtout pensé qu'elle venait de tenter de faire porter à Noémie une partie de la responsabilité de cette lamentable histoire. À Noémie et à ses parents qui se seraient avérés incapables d'empêcher leur fille de se filmer en cachette dans une mise en scène à connotation sexuelle.

C'était bien essayé de sa part, mais maintenant, face à ce qui était pour elle une révélation qu'elle avait du mal à entendre, la mère d'Arthur était sous le choc. Dans un ultime soubresaut, elle m'a pourtant demandé comment il serait possible d'en être certain. Je lui ai proposé d'emmener Noémie chez un médecin auquel on montrerait les images. Il verrait immédiatement qu'il ne s'agissait pas de son corps. J'ai ajouté que ce serait humiliant pour ma fille mais que s'il fallait en passer par là…

J'avais préféré manier l'ironie en imaginant que cette proposition ridicule et inenvisageable suffirait à la convaincre de ma bonne foi.

Je ne saurais jamais si cela a vraiment été le cas mais le chapitre a été immédiatement et définitivement refermé. La principale a ajouté que Noémie était très mature, sans doute trop mature pour le collège et qu'il aurait fallu lui faire faire trois années seulement au lieu de quatre pour qu'elle entre plus tôt au lycée. J'en ai été pour le moins surpris. J'ignorais encore tant de choses sur Noémie que nous allions découvrir dans les semaines et les mois à venir. J'ai lâché bêtement qu'avec ses résultats scolaires, je ne voyais pas comment elle aurait pu sauter une classe, mais c'était encore l'époque où je n'avais rien compris.

La discussion a ensuite pris des chemins de traverse. La principale a beaucoup parlé de sa propre fille qui avait aussi connu de nombreux problèmes pour telle et telle raison et que ça avait été tellement difficile... Son adjointe a embrayé sur l'un de ses enfants qui avait lui aussi traversé ceci et cela et que ça avait été tellement compliqué... Sans que je m'en rende compte, nous venions d'être transportés dans le cabinet d'un psy.

Le moment est arrivé où nous n'avions plus rien à nous dire, collectivement en tout cas. Nous nous sommes séparés sans nous promettre de nous revoir. Je n'étais pas mécontent d'être venu. J'avais au moins pu rétablir une vérité qui pourrait peut-être tordre le cou à certains on-dit. Toutefois, j'avais aussi pris conscience que plein d'élèves devaient encore penser qu'il s'agissait bien de Noémie sur la vidéo.

Je n'en avais pas fini pour autant. Il me restait une ultime et triste tâche à accomplir avec, bien sûr, l'accord de Noémie et de Marie-Frédérique. Nous en avions parlé ensemble la veille. La décision était inéluctable, encore fallait-il que je la fasse connaître et qu'elle soit réalisable.

Au moment des dernières salutations, j'ai demandé à la principale si je pouvais la voir quelques instants en tête à tête. Même si je n'ai pas senti un grand enthousiasme de sa part, elle a accepté. Pouvait-elle faire autrement ?

— Madame, je voulais vous dire qu'avec son accord, nous avons décidé de déscolariser Noémie.

— Mais monsieur, c'est impossible. Elle est obligée d'aller à l'école jusqu'à seize ans.

Sous le coup de l'émotion, je m'étais trompé sur le terme à utiliser.

— Excusez-moi, je ne voulais pas dire déscolariser mais désectoriser. Nous souhaitons que Noémie quitte cet établissement qu'elle ne supporte plus, qu'elle aille dans l'autre collège de la ville après les vacances de février. Dès la rentrée.

Le visage de la principale s'est immédiatement illuminé. Un large sourire s'y est installé. J'aurais dû filmer la scène. Je crois que sa réaction n'aurait pas été différente si elle avait appris qu'elle venait de gagner le gros lot à l'EuroMillions.

CHAPITRE 17

« La politique du "pas de vagues" est indéfendable »

(Par Gérard et le docteur Hugues Desombre, pédopsychiatre)

D'un côté, des bourreaux, de l'autre, des victimes, et au milieu, une administration trop souvent absente ou impuissante. Comme nous le montre l'actualité, le phénomène du harcèlement scolaire est exponentiel. Pour essayer de mieux le comprendre, après lui avoir résumé l'affaire Noémie, j'ai interrogé le docteur Hugues Desombre. Pédopsychiatre aux Hospices civils de Lyon, il y est également chef du pôle Spécialités pédiatriques. Son témoignage apporte un éclairage passionnant, et pas forcément rassurant, sur toutes les problématiques liées au harcèlement scolaire.

Êtes-vous déjà intervenu dans des établissements scolaires sur cette thématique ?

Oui. Parfois un responsable pédagogique, une infirmière scolaire, un directeur me demandent un éclairage.

J'ai rencontré les équipes, pas les enfants. Elles veulent recevoir de l'aide quant aux comportements à adopter en cas de harcèlement. Il faudrait que chaque équipe éducative puisse construire un projet très clair autour de la prévention du harcèlement qui explique que, s'il se passe ça, la conséquence sera ça, et que les parents en soient informés.

Les affiches de la journée anti-harcèlement placardées dans les établissements ne servent à rien. C'est du vent. Ce qui compte, ce sont les paroles, les actes, les positionnements des éducateurs. Si c'est juste pour dire : je suis content, j'ai mis mon affiche, c'est inutile. On a l'impression d'avoir fait quelque chose, mais non. Le harcèlement se vit tous les jours ; il faut porter un regard permanent sur les enfants qui sont un peu isolés, il faut observer les effets de groupe dans les récréations, il faut que les professeurs soient vigilants. Toutes les personnes concernées doivent être responsables de ce repérage. C'est ça, le « vivre en société » et l'éducation à la citoyenneté. Le harcèlement, s'il est mal géré, va à l'encontre de cet apprentissage.

Recevez-vous souvent des enfants victimes de harcèlement scolaire ?

Trop souvent. Plusieurs fois par semaine. Mais ils ne viennent pas forcément consulter pour ce motif. En tant que clinicien, il faut désormais avoir le réflexe d'aller rechercher systématiquement cette éventualité. Il existe des adages en médecine ; par exemple : « On ne trouve que ce que l'on cherche. » Et si l'on n'a pas la curiosité d'aller chercher, eh bien, on ne trouve pas. On sait qu'un certain nombre d'adolescents sont en grande difficulté pour en parler.

Qui les envoie vers vous ?

Le médecin traitant, l'infirmière scolaire qui peut repérer des choses, le pédiatre, les parents eux-mêmes. Il n'y a pas de règle. Dans un premier temps, la consultation se déroule toujours en présence des parents. Quand le motif de la consultation est le harcèlement, soit l'enfant en a parlé, soit les parents ont repéré un problème et ont essayé de mettre des mots sur un malaise qui leur a laissé penser que leur enfant était harcelé. Dans le fait de parler, il y a l'aspect purement verbal, en parler directement, et l'aspect non verbal où l'enfant va s'exprimer d'une manière détournée, souvent au travers de son comportement.

Existe-t-il un profil type d'enfants harcelés ?

Non. Quelquefois, on peut retrouver des jeunes qui rencontrent des difficultés dans leurs relations avec les autres, qui ne comprennent pas toujours les codes ou souffrent d'une forme d'inhibition qui les empêche de réagir à temps par rapport à ce qui se passe, ce qui les entraîne dans une forme d'isolement. Mais je pense que c'est compliqué de définir un profil type.

Dans quel état les enfants harcelés arrivent-ils chez vous ?

C'est très variable. Ça peut être simplement un état d'anxiété, des troubles du sommeil, une difficulté à travailler en classe. Mais ce sont parfois aussi des gestes suicidaires qui les ont conduits à l'hôpital. Au cours de l'évaluation, on va pouvoir prendre conscience de la situation. Notre centre accueille beaucoup d'enfants qui sont passés à un acte suicidaire dont on sait qu'il a pour origine un harcèlement. Ils n'en peuvent tellement plus qu'il s'agit du seul moyen qu'ils trouvent à un moment donné pour arrêter les choses.

Les passages à l'acte suicidaire sont-ils fréquents ?

En fait, oui. Nous, on reçoit de nombreux enfants qui ont fait ce genre de tentative. Les dernières études montrent qu'on est dans une courbe ascendante depuis deux ans. Le geste suicidaire est par définition un non-choix : la personne décide finalement de commettre ce geste parce que toutes les solutions qu'elle a testées avant pour régler son problème ont échoué. C'est un choix par défaut. Quand on est harcelé, qu'on a tenté des trucs, essayé en vain de parler à des adultes ou à des proches et qu'on a obtenu en guise de réponse : « Arrête de toujours te plaindre, tu nous énerves, fais un effort », qu'on ne peut pas ou qu'on n'arrive pas à se faire entendre, l'idée du suicide peut surgir très vite.

Pourquoi des enfants passent-ils à l'acte et d'autres pas ?

Parce qu'ils ont le sentiment de ne pas avoir été écoutés ou entendus. En vérité, il s'agit d'une accumulation de choses. La nature humaine est ainsi faite qu'elle veut toujours trouver une cause à une situation. On me demande : « Docteur, pourquoi ? » En fait, on s'aperçoit que le harcèlement est multifactoriel. Des enfants vivent des moments de souffrance sans pouvoir parfois s'en défaire. Ces souffrances sont enfouies et peuvent être réactivées. Il faut remettre ce phénomène dans un contexte plus global, dans une histoire permettant de comprendre ce qui s'est passé dans le développement de l'enfant et finalement dans ses moments de fragilité qui ont pu l'exposer au pire. Pour guérir, il faut agir sur ces nombreux facteurs.

Existe-t-il un profil type de parents d'enfants harcelés ?

Je ne pense pas non plus. Peut-être s'agit-il de parents chez lesquels on va retrouver des facteurs de fragilité, d'anxiété mais on ne décèle rien de patent. Le harcèlement est une dynamique tout à fait singulière, particulière. Il y a d'un côté un harcelé, mais n'oublions pas que, de l'autre, se trouve un harceleur. On en observe deux types : le harceleur actif et le harceleur spectateur qui est tout autant harceleur que le premier. Celui qui sait et ne dit rien est de fait complice. Quand un gamin reçoit une photo douteuse d'un de ses camarades, fille ou garçon, sur Internet et qu'il « like », il est harceleur au même niveau. Pour qu'il ne le fasse pas, encore faut-il que quelqu'un lui ait expliqué les tenants et les aboutissants de la problématique. C'est pour cette raison qu'il s'agit d'une dynamique complexe à évaluer et à prendre en charge.

Des parents sont-ils parfois en grande souffrance ?

Quand un enfant souffre et qu'il est hospitalisé, c'est un peu le cataclysme. Les parents sont accablés à la découverte de la situation – tous les parents, sans exception. Il s'agit d'une réaction normale. Lorsqu'un enfant ne va pas bien parce qu'il est harcelé, les parents vont tout de suite se demander ce qu'ils ont raté, ce qu'ils n'ont pas bien fait. Ils culpabilisent de ne pas avoir su protéger leur enfant. J'ai dit « su », mais j'aurais dû dire « pu ». Ils ne sont pas responsables de tout, d'autant que, souvent, ils ignoraient ce qu'il se passait. Le milieu scolaire, l'environnement en général de leur enfant et les réseaux sociaux sont des variantes complexes qu'ils ne maîtrisent parfois pas du tout. Une éducation aux écrans est dès lors nécessaire mais loin d'être facile.

Comment lutter contre ces nouvelles formes de harcèlement ?

Au moment où les enfants viennent me voir, le plus souvent, le harcèlement n'est pas fini. Le milieu scolaire doit alors prendre des mesures : campagnes d'information, numéros anti-harcèlement, suivi au niveau de l'établissement et de l'académie. Normalement, le phénomène doit prendre fin rapidement. Toutefois, on constate hélas encore des trous dans la raquette. Parfois, des parents dénoncent devant moi l'inaction de l'administration. Ils se heurtent à la politique du « pas de vagues », à des réponses évasives faites à leur enfant : « Est-ce que tu es bien sûr ? Est-ce que c'est bien ci ? Est-ce que c'est bien ça ? » Je trouve ces réactions un peu malheureuses, indéfendables.

Les réseaux sociaux constituent-ils un fléau ?

Je vais vous donner un exemple. Quand je reçois des enfants, je leur demande de regarder une immense affiche que l'on peut voir de ma fenêtre. Elle se trouve sur un mur d'angle de l'hôpital et met en exergue les actions des Hospices de Lyon. Je leur dis : « Tu vois l'affiche là-bas ? Est-ce que tu mettrais ta photo à la place ? » Ils me répondent toujours non, que ce serait impossible. Je leur explique alors qu'avec les réseaux sociaux, c'est un petit peu ce qu'ils font. On croit être entre soi, mais en fait ce n'est pas le cas.

J'essaie aussi de sensibiliser les parents au phénomène, de leur expliquer à quel moment un enfant est suffisamment mature pour aller sur les réseaux. Je leur donne un autre exemple : « Est-ce vous allez donner le volant de votre voiture à votre enfant pour rentrer chez vous ? » La réponse est évidemment toujours la même : « Ben non, il est trop jeune, il ne sait pas conduire, il n'a pas l'âge. » Je leur explique qu'ils les laissent pourtant aller se promener sur les réseaux sociaux sans qu'ils y aient été formés, sans avoir, d'une certaine façon, le permis de conduire sur les écrans, les portables, les réseaux sociaux.

Des parents me disent qu'ils ne savaient pas que leurs enfants allaient sur des réseaux sociaux. Ou alors qu'ils en coupent carrément l'accès à leurs enfants. Ce n'est pas de l'éducation. Il faut rendre l'enfant autonome. Savoir ce qu'il fait et lui dire : « Les réseaux ? Oui, pourquoi pas. Mais pas pour le moment. Ce sera possible à partir d'un certain âge, le temps que tu comprennes comment les utiliser. »

Mais tous les collégiens ont désormais un téléphone avec un accès aux réseaux sociaux.

C'est aux parents d'agir. Vous appartenez, j'appartiens également, à une génération qui n'a pas été élevée avec toute cette modernité. Il est extrêmement compliqué, je le reconnais, pour des parents d'éduquer leurs enfants à quelque chose qu'ils connaissent si mal. Les jeunes parents, eux, sont nés avec Internet. Ils connaissent bien ces choses-là, ils seront mieux armés pour instruire leurs enfants dans ce domaine essentiel. Même pour les autres, il est facile de comprendre qu'il existe toujours des solutions.

Quelles sont selon vous ces solutions ?

Le problème, ce ne sont pas les réseaux sociaux, mais la manière dont on s'en sert, et la façon dont on s'y affiche. La Rochefoucauld disait : « Rien n'est si contagieux que l'exemple. » Comment le parent utilise-t-il lui-même les réseaux sociaux ?

L'enfant se développe en construisant son image. Et pour se construire, on a toujours besoin du regard des autres : au début, celui des parents, puis progressivement des autres enfants ou d'autres adultes. Les réseaux sociaux amplifient cette inquiétude de l'image. L'enfant vérifie en permanence ce qu'il renvoie. Et s'il a des retours négatifs, ça devient vite très compliqué pour lui car il en souffre.

C'est la raison pour laquelle il faut éduquer. Les réseaux peuvent être bénéfiques si on sait vraiment les utiliser pour communiquer, ce qui est leur fonction première. Si on s'en sert uniquement pour s'afficher, leur usage devient problématique. Je leur pose toujours cette question : « Tu as combien d'amis ? » La réponse est presque toujours la même : « Ah, ben, j'en ai plein, mais je ne sais pas combien. » Je leur explique que ceux dont ils me parlent, qu'ils croisent sur les réseaux, ne sont pas des amis, mais des amis virtuels. Dans la réalité, la relation d'amitié n'est pas si facile que ça.

Venons-en aux harceleurs. Vous arrive-t-il d'en recevoir en consultation ?

Je n'ai pas mémoire d'avoir vu en consultation un enfant dont le motif de la visite était qu'il harcelait. Les parents me l'amènent pour d'autres motifs et, au fur et à mesure de l'entretien, de l'évaluation clinique, on s'aperçoit qu'il a eu des soucis, qu'il s'est fait virer deux jours de son collège six mois plus tôt parce qu'il avait embêté des camarades. Ce n'est pas que les parents n'osent pas le dire, mais ils sont déjà confrontés à beaucoup de difficultés avec leur enfant à la maison, qui peuvent se manifester par des comportements de violence ; il leur est alors difficile de faire le tri. Ces enfants sont souvent assez impulsifs, ont une force non canalisée, et peuvent se trouver dans des relations d'emprise ou exposés à la violence. Ce qui se passe pour eux n'est pas circonscrit au seul fait de harceler à l'école.

Quel intérêt ou quel plaisir peut ressentir un harceleur ?

En agissant ainsi, le harceleur voit augmenter le niveau narcissique de sa propre image, a l'illusion d'une certaine force. Il ne pense pas du tout au mal qu'il fait. La difficulté pour lui est justement d'imaginer ce que peut penser l'autre. Dire ou écrire que telle camarade est « une grosse pute » ne lui fera pas monter au cerveau l'idée qu'elle va en souffrir. Pour lui, il s'agit d'une sorte de jeu. Ce n'est pas grave. D'où l'importance de la maturité : en manquer entraîne une incapacité à se mettre à la place de l'autre, à savoir ce que l'autre pense et ressent. C'est un enjeu majeur que je résume sous le terme d'« autonomie psychique ». Penser par soi-même permet aussi de se mettre à la place de l'autre. On voit bien à quel point les harceleurs ne peuvent pas éprouver d'empathie.

Comment peut-on expliquer que des enfants deviennent harceleurs ?

Les enfants imitent souvent ce qu'ils ont vu ou vécu. D'une manière générale, les jeunes sont violents lorsqu'ils sont eux-mêmes confrontés à la violence. Rien n'arrive par hasard. Dans ces cas-là, la victime risque de devenir bourreau.

Et le phénomène des écrans permet de reproduire très facilement ce vécu. Beaucoup d'études sont sorties sur l'influence des écrans et de ce que l'on y regarde. On sait désormais que le vrai problème n'est pas la durée du temps de l'exposition mais le contenu. De nombreux parents me demandent : « Combien de temps peut-on laisser nos enfants devant l'écran ? » Je leur réponds : « Je m'en fiche un peu, à partir du moment où le sommeil est respecté. L'important, c'est ce qu'ils regardent. »

Dans les cas de harcèlement comme celui de Noémie, l'absence de sanction contre les harceleurs est-elle grave ?

Elle est très grave. Toutefois, je parlerais plutôt de conséquence que de sanction. La conséquence d'un choix. Je dis toujours aux ados : « Tu fais ça, c'est bien, tu fais exactement le contraire, c'est bien aussi. C'est toi qui choisis. Je te considère comme intelligent donc tu choisis ce que tu penses être le mieux pour toi. Mais tu dois assumer la conséquence de ton choix. »

J'observe actuellement une grande difficulté de la part des parents ou des éducateurs à être vraiment éducateurs, au sens le plus noble du terme, et à « apporter des conséquences » fermes et bienveillantes au comportement de certains jeunes. Il est évident que pour qu'un enfant harcelé se reconstruise, il faut qu'il y ait une justice. L'absence de sanction, pour reprendre ce mot, est une souffrance supplémentaire pour la victime et une motivation pour d'éventuels futurs harceleurs. Cependant, la sanction n'a de valeur que si elle permet de grandir.

L'histoire de Noémie est-elle symbolique ?

Ce qui me semble aberrant, c'est que ce soit l'élève harcelée qui doive changer d'école. Certains responsables d'établissement, enseignants ou parents pensent protéger l'enfant harceleur en lui épargnant la sanction, en se disant qu'il a compris, qu'il ne le fera plus.

Mais en agissant ainsi, on n'aide pas du tout l'enfant à réfléchir. J'ai vu récemment en consultation un enfant qui avait piqué cent euros à l'un de ses camarades. Il s'agit aussi d'une forme de harcèlement. Les responsables du collège ont demandé aux parents de rembourser. Le père m'a expliqué qu'il avait immédiatement sorti les billets et puis voilà, plus de souci. Je lui ai dit : « Ben non, ce n'est pas comme cela que ça marche. Vous auriez dû dire aux parents d'en face : "N'hésitez pas, portez plainte, ça m'aidera aussi." »

CHAPITRE 18

Un nouveau collège

(Par Gérard et Noémie)

GÉRARD — Faut-il s'en étonner ? Quand vous faites plaisir aux gens, ils deviennent immédiatement beaucoup plus serviables. Mais plus que de plaisir, c'est de soulagement qu'il faut parler. Un immense soulagement. En une phrase, je viens d'offrir à la principale la possibilité de se débarrasser d'un gigantesque et encombrant souci. Nous allons arrêter de lui pourrir la vie.

Son empressement est fascinant. À l'exact opposé de ce qu'a été sa frilosité depuis deux mois. Elle frétille en me disant : « Ça tombe bien, ma collègue de l'autre collège m'a laissé un message ce matin. Je la rappelle tout de suite. » Elle ne m'embrasse pas mais c'est tout comme.

Elle compose le numéro devant moi et tombe sur une boîte vocale : « Bonjour Sophie. J'ai bien eu ton message mais je t'appelle pour autre chose. Il faudrait que tu me rendes un service. Ce serait pour me prendre une élève. Rappelle-moi, je t'expliquerai. »

Après avoir raccroché, elle me dit : « Nous nous entendons très bien. Je vous tiens au courant dès que j'ai des nouvelles. » Nous nous séparons là-dessus après quelques ultimes banalités. Je ne suis plus dans le combat. Je quitte le collège, et, autant le dire tout de suite, je n'y suis plus jamais retourné.

Moins d'une heure plus tard, mon téléphone sonne. Un numéro inconnu s'affiche. Je n'hésite pas, je réponds.

— Bonjour, monsieur, je suis la principale du collège Marcel-Proust.

— Bonjour, madame.

— Je vous appelle de la part de ma collègue du collège de votre fille. Elle m'a expliqué la situation. Il n'y a bien sûr aucun problème pour accueillir Noémie chez nous à la rentrée des vacances de février.

— Merci beaucoup, madame.

— Mais il faut faire vite pour constituer le dossier. Pouvez-vous venir demain matin ?

— Sans problème. Je viens seul ?

— Non, avec Noémie. Elle doit signer des papiers. Dix heures, ça vous convient ?

— Dix heures, c'est parfait. Merci et à demain.

Voici venu le temps d'étranges et douloureux mercis. Le temps d'aller se faire voir ailleurs, d'en souffrir et de s'en réjouir dans un sidérant mélange des sentiments.

J'ai immédiatement prévenu Noémie. Sans que cela suscite la moindre réaction de sa part. Elle a appris à encaisser les coups et celui-là, au moins, nous l'avons choisi avant de nous l'asséner à nous-mêmes. Certes, sous une forme de contrainte, mais il s'agit de notre décision commune qui se concrétise. Je n'allais tout de même pas lui demander si elle était contente. Dans la soirée, elle est allée à son cours d'équitation, comme si de rien n'était. J'en ai été très heureux.

Le lendemain matin, nous sommes partis à Marcel-Proust avec Noémie. Une dizaine de minutes en voiture ; trop long par les transports en commun. Avec Marie-Fred, il va falloir nous habituer à cet aller-retour qui sera bientôt quotidien et même biquotidien si tout se passe bien ce matin.

Noémie est fermée à double tour. L'essentiel est qu'elle soit là. Au collège, une fois passé la case accueil, nous sommes pris en main par une jeune femme de l'administration. Dans le hall, impossible de ne pas voir les dessins souvenirs de la journée anti-harcèlement avec leurs textes prédicateurs ; ce doit être pareil dans tous les collèges de France. Je m'arrête quelques secondes pour regarder en détail une affiche plus fouillée. Sous un gros « Stop au harcèlement », on peut lire sur un fond vert : « intelligent(e), magnifique, gentil(le), incroyable, rigolo, beau, belle, sympa » et sur un fond rouge : « débile mental(e), sale intello, moche, con, raciste, stupide, salope ». Je suis déconcerté.

Je reprends la foulée de notre hôte qui nous conduit dans un grand bureau où travaillent deux autres personnes d'humeur joyeuse. Après avoir gentiment compati au sort de Noémie et tenté de la rassurer, la jeune femme me donne un certain nombre de documents qu'il faudra remplir pour le lendemain. J'en signe déjà quelques-uns. Noémie également.

Sur ma droite, dans un bureau tout aussi large, la dame que j'aperçois en train de téléphoner par l'encadrure de la porte ouverte a tout d'une principale. Je demande à mon interlocutrice s'il sera possible de la saluer. Quelques minutes plus tard, je suis debout face à elle, assise à son bureau. Son visage avenant est rassurant. Noémie préfère attendre à l'entrée sans franchir le seuil. Elle ressemble à une porte de prison.

Après deux ou trois phrases de circonstance, sa responsable en devenir la regarde et lui lance : « *Smile*, Noémie. Ici, il va falloir sourire. » En guise de démonstration, elle étire avec ses doigts les commissures de ses propres lèvres. Raté. Le visage de Noémie reste de marbre, figé. Pas un mouvement ne le déforme, pas un battement de cils, pas la moindre réaction visible, comme si elle n'avait rien vu, rien entendu.

Je m'engage à revenir, seul, le lendemain matin pour rapporter les documents remplis. Maintenant, une surveillante va nous faire visiter le collège au pas de charge. Au moment de repartir, il est inutile de demander à Noémie ce qu'elle pense de ce que nous venons de vivre. Elle est mutique.

La soirée est agitée. Marie-Fred et moi sommes plongés dans une tâche qui n'est pas vraiment de saison, mais il s'agit d'une mission sacrée : préparer le dossier d'inscription. J'emmène Noémie faire des photos d'identité. Elle les regarde à peine, se trouve très moche, je la rassure. À notre retour, nous remplissons, recherchons, photocopions, complétons, signons. Nous nous sentons un peu oppressés, un sentiment d'injustice nous habite. Mais nous commençons à dégager l'horizon, nous en avons conscience. Nous sommes en train de sauver notre fille. C'est en tout cas ce que nous espérons.

Le lendemain matin, à l'exception d'un certificat que Noémie devra récupérer elle-même à son futur ancien collège, je rapporte le dossier complet à la personne qui nous a accueillis la veille. Elle l'épluche consciencieusement et le valide. Zéro faute, aucun oubli, nous devions être vraiment très motivés.

Tout est allé si vite. Quarante-huit heures se sont écoulées entre le moment où j'ai annoncé à sa principale qu'il fallait absolument que Noémie change de collège et la confirmation que le transfert pourra avoir lieu à la rentrée. Avant de la quitter, je prends bien soin de demander à mon interlocutrice si les élèves de la nouvelle classe de Noémie seront informés des raisons de son arrivée soudaine. Elle me rassure : « Non, les élèves n'ont pas à être au courant. Pas par nos soins en tout cas. En revanche, tous ses professeurs connaîtront les raisons de son arrivée. » Ça me va bien.

En prime, je repars avec un emploi du temps encore imprécis et une information déroutante : la première matinée de classe de Noémie sera consacrée à la fameuse séance de théâtre où elle retrouvera les élèves de troisième de son ancien collège – en clair, ses harceleurs. Il me reste à le lui annoncer. Je m'inquiète déjà de sa réaction et de sa capacité à s'installer dans ce monde social inconnu où une nouvelle solitude l'attend peut-être.

*

NOÉMIE — Ce matin, nous sommes partis en voiture avec papa pour m'inscrire au nouveau collège. Je savais que je n'y connaissais personne et je n'avais pas de raison de penser que des élèves étaient au courant de ce que j'avais vécu. Je n'étais pas en grande forme mais, à cette période, je n'étais jamais en grande forme. Je n'avais pas envie de parler. Je subissais la situation.

Après avoir rempli et signé plein de papiers, papa est allé rapidement saluer la principale. Moi, je suis restée à l'entrée de son bureau. Quand la principale m'a dit qu'elle allait essayer de me redonner le sourire, je me suis demandé ce que je faisais là. J'avais l'impression que ce n'était pas pour moi que l'on faisait tout ça.

Ensuite, une surveillante nous a fait visiter le collège. « Visiter » est un bien grand mot car elle allait à toute allure, courait dans tous les sens. Ce qu'elle nous expliquait était incompréhensible, ça allait trop vite. Nous sommes passés très rapidement dans le hall devant les nombreux dessins de la journée anti-harcèlement ; intérieurement, ça m'a fait rire jaune. J'étais tellement persuadée que ça ne servait à rien.

On est passés au rez-de-chaussée, puis à l'étage devant des salles de classe avec des élèves à l'intérieur, des salles vides, de salles servant à je ne sais pas quoi, des casiers. Elle nous a montré la cour, et le gymnase qui avait alors une importance considérable : même si la surveillante fonçait et parlait en même temps, j'ai cru comprendre que la cantine avait brûlé, qu'on ne savait pas qui avait mis le feu, qu'elle était en travaux et donc que, pour le moment, on servait des repas froids dans le gymnase où on ne pouvait plus faire de sport. Ça ne m'a pas du tout inquiétée vu qu'à cette période je ne mangeais quasiment rien.

Le lendemain, je ne voulais pas retourner au collège. Pour moi, c'était fini, je n'avais plus rien à y faire. Maman m'a dit que je devais absolument y aller parce que j'avais les manuels à rendre ainsi qu'un document à récupérer pour valider mon changement.

J'y suis restée de neuf à quatorze heures trente, sauf le midi puisque j'étais désormais externe. Les gens de ma classe ont appris mon départ quand Monsieur Renoir est venu pour l'annoncer pendant le cours de techno qui était le premier de la journée. Il a expliqué les raisons mais je n'écoutais pas vraiment. J'étais ailleurs. Et puis je les connaissais, les raisons. Ça ne m'a pas embêtée qu'il le fasse, mais moi je n'aurais rien dit. Sauf à Alice. De toute façon, je n'avais aucun lien avec les élèves de ma classe et je n'avais plus envie de voir qui que ce soit dans ce collège. Je ne peux pas dire que j'étais triste, plutôt résignée. À un moment de la journée, je suis allée récupérer le document chez la principale. Elle me l'a donné sans vraiment me parler. Elle ne m'a même pas souhaité bonne chance pour la suite. Rien.

À quatorze heures trente, je suis ressortie toute seule, sans aucune émotion. Je n'étais plus depuis longtemps dans mon état normal. Plus rien ne me touchait. Je crois que j'étais plutôt contente de quitter tout ça et pas encore stressée par l'avenir. Je pensais surtout aux vacances qui commençaient le soir même et au stage d'équitation que j'allais effectuer.

Je savais que papa était allé finir mon inscription dans la matinée. Le soir, il a rapporté mon emploi du temps. Quand il m'a dit que j'allais recroiser mes harceleurs et harceleuses de mon ancien collège lors de ma première matinée de cours, j'ai cru qu'il me faisait une blague.

CHAPITRE 19

Noémie entraîne Alice dans sa chute

(Par Marie-Frédérique et Gérard)

MARIE-FRÉDÉRIQUE — Faut-il en pleurer ? Faut-il s'en réjouir ? Un peu des deux, vous allez le constater. À peine Noémie avait-elle définitivement quitté son collège, le vendredi 9 février 2024 à quatorze heures trente, que les messages ont commencé à affluer. J'ai reçu le premier très exactement une heure trente-huit minutes plus tard. Il provenait de sa professeure de français qu'elle appréciait tant. Il nous a bouleversés. En voici quelques passages :

« … Je suis très touchée et désolée que ce soit elle qui doive partir même si je comprends que la situation ici devenait intenable. C'est d'une grande injustice… Noémie, quand tu auras trouvé une voie qui te motive pour l'année prochaine, tu vas t'épanouir et te sentir allégée. Je suis certaine que le lycée va être un soulagement pour toi qui as déjà une grande maturité. Sache que nous avons (professeurs et élèves de la classe) tous été très touchés et peinés de ce qui t'est arrivé... de te voir si malheureuse et de savoir que tu nous quittes un peu vite... Ces rumeurs absurdes et cruelles ne sont pas toi, n'ont rien à voir avec la jeune fille joyeuse, pétillante, volontaire, vive, intelligente, dynamique, déterminée, gentille, généreuse, tournée vers les autres, mûre, subtile (et j'en oublie sûrement) dont j'ai fait la connaissance en début d'année. Garde précieusement toutes ces belles qualités qui vont t'être si utiles dans la vie et n'en fais profiter que ceux et celles qui le méritent ! Je suis désolée que le collège n'ait pas pu faire plus pour t'aider et mettre fin à ta situation insupportable. Je te souhaite de guérir au mieux de ces blessures... »

J'ai forcément été très sensible à cette dénonciation en creux des manquements de la part de la direction du collège. Et les compliments, sans doute excessifs, à propos de Noémie ont touché la mère que je suis. Ils ne correspondaient pas tout à fait à la Noémie que nous côtoyions à la maison mais l'éducation des enfants n'est pas destinée aux parents qui auront toujours le handicap d'être des parents. C'est de l'extérieur qu'elle se juge.

Le lendemain 10 février à quatorze heures neuf, un message de Monsieur Renoir nous parvenait. Il contenait le compte rendu de ses deux interventions auprès d'Alice et Noémie le 26 janvier, puis de Noémie seule le 2 février. Nous les avons déjà évoquées. Ce rapport nous a permis cependant de comprendre à quel point Alice était devenue, à un certain moment, une victime collatérale du harcèlement de Noémie. Comme si deux trains du malheur s'étaient percutés à toute allure.

*

Gérard — À l'aide des propos recueillis par Monsieur Renoir et des éclairages de sa mère, il est possible de retracer le chemin de croix d'Alice. Il la conduira, après bien des souffrances, jusqu'au tourbillon de l'affaire Noémie qui va aggraver son malheur.

Alice habite un village proche de notre ville qui dispose d'une école primaire mais pas d'un collège. Son collège de secteur est donc le même que celui de Noémie. Alice prend un bus scolaire matin et soir. Alice et Noémie se sont connues en sixième quand elles se sont retrouvées dans la même classe. Une classe dans laquelle Noémie a été harcelée par un groupe de filles. Le harcèlement, Alice connaissait ça déjà trop bien. Dans sa confession à Monsieur Renoir du 26 janvier, elle explique qu'en primaire elle avait comme meilleure amie Diane qui s'est avérée être « une personne toxique ». Elle lui interdisait de parler avec d'autres personnes sinon : « Je vais retourner tout cela contre toi, je ne serai plus ta copine », lui disait-elle. Ça a duré toute l'école primaire et pendant cinq ans puisqu'elles étaient forcément dans la même classe, l'école ne comprenant qu'une classe par niveau. Elle concède qu'elle se sentait mal, pas libre et faible car elle n'a jamais eu la force de dire « stop ».

Elle évoque aussi une Jeanne qui était un peu la cheffe du groupe des filles (je rappelle que l'on parle là d'enfants de sept, huit et neuf ans) et qu'elle ne pouvait voir que si Diane était présente. « Elle donnait des ordres à tout le monde et s'en prenait aux personnes qui ne lui obéissaient pas, donc à moi. » Avec Diane, les tensions étaient permanentes. Les parents d'Alice ont rencontré les parents de Diane. La mère de celle-ci n'ayant jamais voulu reconnaître les torts de sa fille, les deux familles se sont fâchées.

En sixième, à la suite d'une demande de sa mère, Diane et Alice n'étaient pas dans la même classe. Mais Alice s'est retrouvée en revanche dans celle d'une certaine Juliette qui, sans rapport selon elle avec ce qui s'était passé en primaire, l'a harcelée toute l'année, preuve sans doute qu'elle traînait son passé comme un boulet. Elle témoigne : « Elle me rabaissait et me critiquait tout le temps. Elle retournait Camille et Dylan contre moi. Dans le bus, tous les trois m'insultaient. J'arrivais en pleurs au collège. Je téléphonais à ma mère car j'avais peur de continuer la journée. » Notons que le Dylan en question est le même que celui auquel Noémie va avoir affaire trois ans plus tard – on ne se refait pas.

En cinquième, la mère d'Alice demande et obtient que sa fille ne soit plus dans la même classe que d'autres enfants de son village. Plus personne de sa commune ne lui parle mais elle se fait d'autres amies et passe une année scolaire à peu près tranquille. En quatrième, elle reparle aux filles de son village – les méandres du harcèlement sont complexes – mais Mila se fait harceler par Juliette, Diane et le groupe des filles du village. Puis, quel embrouillamini désolant, c'est Diane qui affirme être harcelée et Alice la soutient en dépit de leur lourd passif – la gentillesse est parfois la grande sœur de la faiblesse.

Venons-en à la troisième. Alice et Noémie se retrouvent. Suite de la confession d'Alice : « Je traîne avec Noémie et je vois Diane sans que cela pose de problème. Fin novembre, Noémie a des problèmes. Le 28 novembre, en cours d'espagnol, elle en parle à Flore, Clara et Diane et surtout à moi un peu plus qu'aux autres. Plus les jours avancent, plus le harcèlement de Noémie prend de l'ampleur. J'ai tout vu. Au départ, c'est du cyberharcèlement et ensuite du harcèlement qui se poursuit à l'intérieur du collège. Il y a une grosse solidarité entre nous deux. Noémie est mal, elle n'est pas en état d'aller à tous les cours. Je l'accompagne fréquemment à l'infirmerie. Cela déplaît à Diane qui me trouve trop proche de Noémie. Elle est jalouse. Elle retourne traîner avec les filles et les garçons qui la harcelaient en quatrième. Et là, tout le groupe commence à nous mettre la pression, à nous juger. Ils nous pointent du doigt en rigolant. Les problèmes de Noémie s'aggravent avant les vacances de décembre. Avant Noël, je bloque sur mes réseaux toutes les personnes du groupe de mon village. »

Le vendredi 19 janvier, une soirée organisée par « l'animation jeunes » de la commune se déroule dans le village d'Alice. Elle commet l'erreur de s'y rendre. Elle y croise toute la bande de ceux qui la maltraitent depuis tant d'années. Un incident éclate : Mila l'insulte, Alice l'insulte en retour. La meute est contre elle. Elle est en larmes, stresse. En rentrant chez elle, elle en parle à ses parents. Le dimanche, elle est angoissée à l'idée de retourner au collège le lendemain. Il y a de quoi.

Elle raconte la suite. La scène se passe au CDI (centre de documentation et d'information) du collège à dix heures du matin en présence de Noémie : « Je suis d'abord agressée par Jeanne parce que j'ai supprimé les filles de mon village de mes réseaux. Puis tout le groupe vient pour me parler du vendredi soir. Je suis toute seule, je réponds, le ton monte, le responsable du CDI nous sépare, je fonds en larmes, je ne peux pas retourner en cours. La CPE me prend en charge, puis la principale. Mila est dans le bureau de la CPE qui vient nous chercher avec Noémie pour discuter avec elle. Mila m'accuse de me retourner contre le groupe et dit que Noémie est une mauvaise fréquentation à cause de son histoire à elle, des vidéos. Noémie commence à pleurer. La CPE la fait sortir du bureau.

« Mardi, au collège, les versions des filles changent. Elles mentent. Mila dit que c'est moi qui l'ai insultée en premier lors de la soirée et qu'elle n'est jamais venue me voir au CDI la veille. Elles sont sept à témoigner contre moi et moi je suis seule avec Noémie. Le mercredi, "l'animation jeunes" du village est ouverte. J'y vais. Je tombe sur Diane qui me dit que Noémie est une mauvaise fréquentation et que c'est pour ça qu'ils l'ont mise à l'écart et insultée. Je pleure pendant trois jours. »

Voici maintenant la même histoire vue par la mère d'Alice qui, comme nous, se trouve à un moment dans un grand désarroi face à l'institution scolaire représentée par la direction du collège :

« À l'école primaire, le harcèlement de Diane envers Alice est vite devenu très oppressant. Diane pétait les plombs quand Alice parlait à quelqu'un d'autre qu'à elle. Elle était très virulente. Alice n'a pas un caractère très fort, elle se laissait faire. Diane a besoin d'avoir cette emprise sur Alice. Pourquoi sur elle ? Je ne sais pas.

« Peut-être qu'Alice n'aurait pas eu de problèmes cette année si Noémie n'avait pas été harcelée. Il existe sûrement un lien entre les deux affaires. Au début, je n'ai pas mesuré l'ampleur de la situation. Alice nous disait que ça n'allait pas avec Diane qui pétait les plombs ou lui faisait la gueule parce qu'elle était avec Noémie. Je n'ai pas du tout mesuré la problématique de Noémie à ce moment-là. Pas du tout, du tout. En décembre il y a eu le stage en entreprise. Alice s'y est plu, elle était vraiment dans une bulle de bonheur, soulagée de ne plus aller au collège. Avant le stage, elle a supprimé tous ses contacts du village sur TikTok. Je ne pensais pas que ça allait générer une telle vague de haine. Elle recevait des messages sur Snapchat pour l'interroger.

« Le retour au collège pour la dernière semaine de cours de l'année a été terrible. Un enfer. Diane s'était remise avec les autres filles de la commune et elles accablaient Noémie. Et Alice avait une étiquette : elle était l'amie de Noémie. Elle me disait : “Maman, ce n'est plus possible.” On en parlait beaucoup. C'est là seulement que j'ai pris conscience de la dimension de l'affaire mais c'était déjà enclenché de toute façon.

« Le 19 janvier, il y a eu la fameuse soirée pour les jeunes du village. Le lundi, elles ont piégé Alice au CDI, l'ont collée au mur. C'est le responsable du CDI qui l'a exfiltrée. Elle m'a téléphoné du collège pour me le dire. Le collège ne m'a pas prévenue. Elle n'est pas retournée en cours de la journée.

« Le 26 janvier, elle a rencontré Monsieur Renoir avec Noémie. Elle lui a tout raconté. Et puis avant les vacances, Noémie lui a dit qu'elle quittait le collège.

« Le 26 février, jour de la reprise des cours après les vacances, on a rencontré à ma demande la principale. Elle ne m'avait jamais appelée. À ses côtés se trouvaient son adjointe, la professeure principale dont j'avais souhaité la présence, Monsieur Renoir, le responsable du CDI et un surveillant. On a dit tout ce qu'on pensait de la situation. Ils ont décidé de mettre en place des choses autour d'Alice. On était un peu soulagés, mais rien n'a tenu dans le temps. La principale s'était engagée devant nous à recevoir Alice pour faire un point tous les vendredis à dix heures jusqu'à la fin de l'année scolaire. Elle l'a vue seulement deux fois. Voilà. De temps en temps, dans les couloirs, Alice a eu droit à un "Tu vas bien ?". Ce sont des gens très dangereux.

« J'ai demandé une dérogation pour qu'Alice n'aille pas au lycée de secteur avec tout le groupe de harceleurs du village. On m'a demandé d'aller rencontrer la médecin du collège. Elle ne savait pas qui j'étais. Quand nous lui avons parlé de l'histoire de Noémie, elle nous a dit qu'elle n'était pas au courant.

« La psychologue du collège a proposé de recevoir Alice régulièrement jusqu'à la fin de l'année. Là, c'est Alice qui a craqué au bout de deux rendez-vous.

Ça devenait un carnage, elle revenait complètement détruite. On a mis fin à ces séances et nous avons consulté un psychologue extérieur. Tout ce qu'a fait le collège a été fait à l'envers.

« Pour ne rien arranger, Alice a été prise dans une embrouille à son insu lors d'un cours de sport le jeudi 16 mai. Une histoire idiote. Elle n'était pas au bon endroit au bon moment. Un garçon s'en est pris à elle, l'a traitée de tous les noms et a essayé de lui mettre une baffe qu'elle a esquivée. Il lui a alors mis des coups de pied. Ce sont des filles de la classe qui les ont séparés.

« Je n'ai reçu aucun appel de la direction du collège pour m'informer du problème. Le jeudi, après les cours, Alice m'a dit que la principale allait m'appeler… Je n'ai reçu aucun coup de téléphone. Je lui ai donc envoyé un mail, auquel j'ai reçu une réponse le samedi soir. Elle me disait qu'elle était au courant de l'incident, qu'elle allait convoquer les parents de l'auteur des faits dès le lundi et, bien sûr, elle ne me demandait pas de nouvelles d'Alice. Le mardi, c'est par la professeure principale que j'ai appris que, comme des coups avaient été portés, le coupable serait exclu quelques jours.

« En ce qui concerne le groupe des filles qui ont insulté et commencé à molester Alice au CDI en janvier, après l'avoir fait souffrir depuis des années, j'ai demandé à la principale quand je l'ai vue si elles avaient été sanctionnées. Elle m'a dit, tel quel, que je n'avais pas à le savoir. »

*

Marie-Frédérique — Le samedi 10 février à seize heures trente-neuf précisément, c'est la principale qui a clos la salve des envois qui nous ont été adressés. Après l'émouvant hommage de la professeure de français et le remarquable fruit du travail de Monsieur Renoir, elle s'est, enfin, adressée par écrit à un certain nombre de personnels du collège ainsi qu'aux parents de Noémie et d'Alice.

Après avoir souligné et loué le travail de Monsieur Renoir, et avant de terminer par une proposition de mise en place d'un process d'accompagnement d'Alice qui allait rester au collège, process dont on sait aujourd'hui qu'il a vite volé en éclats, elle a sorti cette phrase légendaire, dont on ne sait plus trop après coup si elle est tragique ou comique : « Nous souhaitons à Noémie et à Alice de pouvoir avancer de manière positive suite aux sanctions des auteurs (non terminées). Nous accentuerons notre vigilance. La justice poursuit son travail. »

La justice peut-être, nous n'en savons rien, mais elle, en tout cas, n'a jamais commencé ce travail de réparation soi-disant « non terminé ». À la fin de l'année scolaire 2023-2024, à l'exception de l'ultime avatar subi par Alice, qui était un pur acte de violence ne concernant pas la bande qui la détruisait à petit feu depuis des années, aucune sanction n'avait été prise à l'encontre des harceleurs de Noémie et d'Alice. Aucune. Une souffrance pour les deux victimes, une honte pour l'Éducation nationale.

CHAPITRE 20

Pourquoi tant de haine ?

(Par Gérard)

Peu de temps après que Noémie a changé de collège, un ami dont la femme est enseignante nous a fait parvenir le Programme de lutte contre le harcèlement à l'école (pHARe) qu'ont reçu en début d'année scolaire tous les responsables d'établissement.

Nous en connaissions déjà quelques extraits pêchés sur Internet. Là, nous l'avons épluché. Certains passages sont édifiants quand on les rapporte à ce que nous avons vécu et que nous continuons alors de vivre :

« Aucune situation de harcèlement ne doit rester sans solution ni sanction […]. Les parents de l'élève victime sont informés de la situation. Ils sont associés au traitement de cette situation et sont informés de leurs droits […]. Il est essentiel que le directeur d'école signale systématiquement la situation de harcèlement. Ce signalement s'effectue sur "faits établissements" (niveau 2). Cela permet d'informer les référents départementaux et académiques harcèlement [...]. Le directeur d'établissement s'informe quotidiennement de l'état de l'élève victime [...]. Le directeur d'école informe régulièrement la famille de l'évolution de la situation [...]. Pour les situations graves, le directeur d'école informe le procureur de la République (article 40 du Code de la procédure pénale). »

Tous les responsables d'établissements scolaires savent-ils lire ?

C'est une période étrange qui commence, pendant laquelle nous avons l'impression que les problématiques de harcèlement scolaire nous assiègent et nous percutent de plein fouet, qu'elles sont plus prégnantes que jamais. L'actualité semble avoir un talent fou pour entretenir nos angoisses.

À peine Noémie a-t-elle quitté définitivement son collège que le 12 février, nous découvrons dans *Le Parisien* que le Premier ministre Gabriel Attal souhaite mettre en place des sanctions éducatives plus précoces. Les directeurs d'école primaire pourraient saisir leur hiérarchie afin d'obtenir l'exclusion d'un élève harceleur et son inscription dans une autre commune. Ce n'est certes qu'un projet mais il dit beaucoup de l'extension d'un fléau dont aucun établissement scolaire, primaire compris, ne peut plus espérer être totalement à l'abri.

Le 11 mars, nous lisons dans le même journal un article intitulé : « En mémoire d'Alisha, le combat d'une mère contre le harcèlement scolaire ». En 2021,

Alisha, quatorze ans, a été frappée et jetée dans la Seine à Argenteuil (Val-d'Oise) par deux adolescents. Elle s'est noyée. Trois ans plus tard, sa mère explique : « Je n'avais pas compris qu'Alisha était vraiment harcelée. Il y avait des signes. Elle m'a dit une fois qu'elle l'était mais j'étais occupée. Je n'avais pas assez de temps pour elle. Je n'ai peut-être pas su la protéger. J'ai le sentiment de ne pas avoir pris les choses au sérieux. Aujourd'hui, le harcèlement tue. »

La maman d'Alisha explique qu'elle est allée témoigner à Herblay dans le collège que fréquentait Evaëlle, onze ans, qui s'est suicidée en 2019 – nous avons déjà évoqué son cas dans ce livre. Il n'y a vraiment pas de hasard. Le 22 mars, toujours dans *Le Parisien*, nous découvrons que dans cette affaire Evaëlle, la professeure au comportement suspect vis-à-vis de la préadolescente est renvoyée devant la justice. En ce qui concerne les trois enfants harceleurs, nous apprendrons le 17 avril par le journal que l'un a bénéficié d'un non-lieu tandis que les deux autres ont été renvoyés devant le juge des enfants. Pendant des mois, les parents d'Evaëlle avaient alerté la direction du collège et l'inspection académique. En vain.

Le 4 avril, c'est le nom de Samara qui surgit brutalement dans les médias. À Montpellier, cette jeune fille de treize ans a été rouée de coups à la sortie du collège au point de tomber dans le coma. Elle s'en est sortie. Sa mère affirme qu'après une longue période de harcèlement, un appel au lynchage de sa fille avait été diffusé sur les réseaux sociaux. Une photo d'un élève avec des oreilles de lapin avait été publiée sur un faux compte Snapchat à son nom. Une broutille aux conséquences inimaginables. Les réseaux sociaux dans toute leur horreur.

Un journaliste recueille alors le témoignage d'une élève de troisième du même collège que Samara : « Le harcèlement, on n'en parle pas forcément au collège et on pleure à la maison. » Noémie, elle, pleurait même au collège.

Le lendemain, 5 avril, *Le Parisien* consacre son gros titre de première page à l'affaire Samara à travers le prisme des réseaux sociaux. Voici un extrait de l'excellent éditorial de Nicolas Charbonneau : « Il est déjà avéré que les réseaux sociaux ont joué un rôle terrifiant. Ainsi, les messageries instantanées sont de sinistres caisses de résonance pour des petits bourreaux qui s'abritent derrière l'anonymat, des harceleurs qui se camouflent sous pseudos, des crétins qui postent des vidéos d'une violence insoutenable. » Le directeur des opérations du 3018, Samuel Combiez, témoigne : « C'est une espèce de jungle où les jeunes sont en autonomie. Si ce lynchage était organisé dans la cour de récréation, peut-être quelqu'un aurait-il vu quelque chose. »

Encore plus atroce : le 6 avril, le journal relate la mort de Shamseddine, quinze ans, tabassé à mort à la sortie de son collège à Viry-Châtillon (Essonne). Les causes de ce déferlement de brutalité ne sont pas déterminées, mais les collèges – aucune école en vérité – ne sont plus des sanctuaires protégés des dérives d'une société malade de ses violences.

Le 12 avril, le journal fait de nouveau sa une sur le harcèlement scolaire avec ce titre : « La réputation, ce fardeau qui pèse sur les jeunes filles ». La suite de l'histoire de Noémie nous apprendra à quel point, hélas, cela est vrai.

Dans le cadre de cette enquête, une journaliste est retournée dans le collège de Samara. Elle a recueilli le témoignage d'une élève de troisième à qui elle a demandé comment avait pu naître la mauvaise réputation de la jeune victime : « Parce qu'un jour, une fille qui ne l'aimait pas en a décidé ainsi. Tu ne peux jamais être tranquille. Que tu sois gentil ou méchant dans tous les cas, tu as une réputation. Et c'est comme ça dans tous les collèges. » Une lycéenne ajoute : « Faut apprendre à pas se laisser faire. Si t'es gentille, tu te fais écraser. » Terrible.

Le 12 juin, *Le Parisien* révèle que Samara sera entendue par un juge d'instruction. Mais les conclusions de l'enquête administrative diligentée par le ministère de l'Éducation nationale sont troublantes. Voici ce que l'on peut lire dans le rapport : « La mission ne peut distinguer de façon objective l'existence d'un harcèlement individuel à l'égard de Samara ou celle d'un climat global humiliant et agressif parmi les élèves… Les investigations ne peuvent établir objectivement une situation de harcèlement scolaire à l'égard de Samara tout en reconnaissant un mal-être croissant chez la jeune fille. »

Forcément, la mère de Samara est pour le moins interloquée : « Dire que ma fille n'est pas victime de harcèlement scolaire, ça ne passe pas. C'est aussi pour ça que j'ai hâte qu'elle raconte sa version au juge. J'ai l'impression que dans le rapport, ils ont voulu étouffer l'affaire. Se taire ne fait pas avancer les choses. »

Une fois de plus, l'administration scolaire a-t-elle voulu se protéger au nom du célèbre « pas de vagues » ? Impossible à dire sur le moment.

Le pire est sans limite. Le 21 juin, nous découvrons sur le site du *Point* qu'une dizaine de jours plus tôt, une enfant de dix ans a été hospitalisée durant une semaine après avoir été agressée le 7 juin à coups de pied dans la tête dans la cour de son école par un groupe de cinq autres élèves – on parle là d'une école primaire. Un élève lui aurait même sauté sur la tête à pieds joints.

La mère de la victime a affirmé que celle-ci, élève de CM1, était victime d'un harcèlement scolaire depuis plusieurs mois. Un autre enfant, qui fait partie de ses bourreaux, la traitait quotidiennement de « grosse », de « moche », et lui tirait les cheveux. Elle a précisé l'avoir signalé à plusieurs reprises à la direction de l'établissement mais que rien n'avait été fait pour mettre un terme à la situation.

La mère, qui a déposé plainte contre les cinq enfants, ajoutait que sa fille faisait une quinzaine de crises d'angoisse par jour et qu'elle ne voulait plus retourner à l'école.

Le principal harceleur a été exclu cinq jours de l'établissement. Le rectorat a précisé que des investigations étaient en cours, conduites par la cellule pHARe et la cellule anti-harcèlement du département.

Il était bien temps. L'Éducation nationale a parfois le sommeil profond.

Le 25 juin, la lecture du *Parisien* nous glace à nouveau. L'horreur est immense. Dix jours auparavant, à Courbevoie (Hauts-de-Seine), une jeune fille de douze ans a été kidnappée, frappée, violée puis menacée de mort par trois adolescents dont deux ont treize ans et l'autre douze, au prétexte qu'elle était juive et qu'elle ne le leur avait pas dit. Voici ce que déclare sa mère dans le journal : « Après le 7 octobre [date de la sanglante action terroriste du Hamas en Israël], elle a subi un harcèlement dans son collège et une mise à l'écart du fait de sa religion. Cela a commencé en novembre par des saluts nazis, des croix gammées sur les tables à l'école ou des blagues sur la Shoah. Elle a perdu plusieurs camarades musulmanes de cette façon. C'est pour ces raisons qu'elle a laissé entendre à l'une de ses amies quelques semaines avant les faits qu'elle était musulmane. »

Personne n'a rien vu, personne n'a rien dit, personne n'a rien fait. Le harcèlement scolaire jusqu'à la nausée.

CHAPITRE 21

Je ne savais rien d'elle

(Par Gérard)

Jamais période de vacances – j'en reviens à celles du mois de février – n'avait été autant désirée. Nous étions épuisés mais Noémie, ou plutôt ce qu'il en restait car elle avait fondu, allait changer de collège. Je pensais, nous pensions, à tort ou à raison, qu'une grosse partie du problème, celle de sa vie au quotidien, allait être mécaniquement réglée.

Pour elle, le défi était immense. L'heure sonnait d'un lifting mental, d'une tentative de reconstruction. Il lui fallait réapprendre à vivre normalement, sans avoir peur des autres. La décision avait été prise de l'emmener voir une psychologue. Mais auparavant, nous avions rendez-vous avec une conseillère d'orientation. Même si son avenir scolaire nous semblait alors être une sorte de mirage, nous pouvions d'autant moins le négliger qu'il ne fallait pas compter sur elle pour nous éclairer. Les circonstances ne s'y prêtaient évidemment pas.

Le 14 février, dans le courant de la première semaine des congés, nous sommes partis tous les deux à une trentaine de kilomètres de la maison pour un premier rendez-vous.

Je me suis garé dans ce que je pensais être la rue idoine, quasiment juste devant le 4 qui était le numéro indiqué. Il s'agissait d'une maison de ville assez vieillotte et sans la moindre précision d'identité. J'ai sonné. Au bout de quelques secondes, un homme est venu ouvrir. Il tenait en laisse un chien, que dis-je un chien…, un molosse, qui nous a fait reculer de plusieurs mètres. Son maître, à l'air un peu plus aimable que celui de son animal de compagnie, nous a expliqué que nous n'étions pas dans la bonne rue. J'avais été fidèle à ma réputation de grand égaré de la vie.

À peine la porte refermée, nous avons éclaté de rire. Quand je dis « nous », cela signifie tous les deux. Oui, Noémie avait rigolé et j'avais presque oublié à quel point elle pouvait être joyeuse. Ce rire-là, le premier depuis presque trois mois, restera dans ma mémoire comme un pur bonheur. C'est le cœur léger qu'après avoir trouvé la bonne adresse, j'ai patienté près de deux heures qu'elle en ait fini avec sa conseillère. Plus que l'avenir, car je n'étais pas convaincu de l'utilité de cette démarche à cet instant, c'était le présent qui comptait. Une personne, jeune qui plus est, la conseillère étant âgée de seulement vingt-deux ans, s'intéressait positivement à Noémie qui pouvait discuter avec quelqu'un relevant de sa zone de confort. Une jeune adulte, c'était son truc.

Les vacances se sont achevées. Noémie avait passé une semaine en stage d'équitation. Il était temps pour elle d'intégrer son nouvel établissement. Pour Marie-Fred et moi, quelle que soit l'heure à laquelle sa journée scolaire débutait et s'achevait, la conduire ou aller la chercher n'était jamais un dérangement mais plutôt un soulagement.

Une fois passé en souplesse, comme à son habitude, les épreuves du brevet blanc, une vie différente était donc censée commencer. Très vite, elle a pris bien soin d'en conserver précieusement les principaux secrets, surtout quand il s'agissait de l'école, un sujet sur lequel elle n'était pas plus loquace que par le passé.

Qu'importe ! Nous étions en quête de signaux positifs et il y en avait. Le mercredi 27 février dans l'après-midi, je l'ai conduite au club équestre pour son cours. Lorsque nous sommes arrivés sur le parking, il était envahi par des gendarmes pour je ne sais quelle raison. J'ai fait croire à Noémie que c'était pour moi qu'ils étaient là, parce que je n'avais pas passé le contrôle technique. Je n'irai pas jusqu'à dire qu'elle est tombée dans le panneau mais elle a alors lâché un tonitruant : « *What the fuck !* » C'était la première fois que je l'entendais lancer ce juron intraduisible. Il m'a d'autant plus fait exploser de rire qu'il sortait de sa bouche. Mon rire l'a ravie. Je lui ai demandé quelques explications qui m'ont semblé très confuses mais qui visiblement l'ont amusée. Un filet de vie recommençait à couler dans ses veines.

Un soir du mois de mars, je l'ai emmenée à une réunion de présentation des lycées de notre secteur.

À l'entrée, nous sommes tombés nez à nez avec son ancienne et sa nouvelle principales, à l'évidence copines comme cochons. J'ai vu Noémie se refermer immédiatement telle une huître devant leurs sourires mielleux et leurs « alors, ça va Noémie ? » auxquels elle n'a pas répondu.

Elle s'est beaucoup ennuyée pendant le défilé des proviseurs vantant à qui mieux mieux leur établissement. La salle s'était largement vidée quand les derniers de cordée, deux types très sympas, se sont présentés. Seul un village aux confins de notre secteur avait accès à leur établissement qui donc ne nous concernait pas *a priori*. Nous sommes partis sans attendre qu'ils aient terminé. Quand je suis revenu dans la salle pour récupérer mon chapeau que j'avais évidemment oublié, ils étaient en train de parler de la Journée de la jupe, ce jour de l'année où tous les élèves, garçons et filles, sont invités depuis 2017 à venir vêtus d'une jupe pour dénoncer les inégalités hommes-femmes. J'ai raconté ça à Noémie et ça lui a bien plu, même si ça fait très longtemps qu'elle n'a plus mis de jupe. Ça va peut-être changer. Je déflore le suspense en disant qu'après d'incroyables et pénibles péripéties que Marie-Fred vous narrera, c'est dans ce lycée qu'elle finira par atterrir.

Entre Noémie et moi, vous l'avez compris, la relation père-fille n'avait jamais été fluide, balançant par sa volonté entre le assez froid et le très glacial. Depuis quasiment nos origines communes, nous avancions côte à côte, chacun dans notre couloir.

Alors voilà, je le dis avec émotion, son malheur nous a un peu rapprochés. Et pour moi, ce « un peu » représente beaucoup. N'est-ce pas le caractère majeur d'une petite source que de devenir fleuve ?

Je veux fournir quatre exemples de ce nouveau temps du partage.

Le 10 mars 2024 a été une sorte de déclencheur. Ce jour-là, grâce à la gentillesse de mon ami Pascal Ferré, responsable de la communication du groupe professionnel au Paris Saint-Germain, j'ai pu emmener mon père au Parc des Princes à l'occasion du match PSG-Reims. Papa, qui a cent un ans, a joué au Stade de Reims avant la guerre. Il était l'un des piliers de l'équipe junior quand la guerre a éclaté, mettant un point final à sa carrière. Pour un jeune Juif, l'heure n'était plus à jouer avec un ballon.

Papa est encore aujourd'hui un supporter émérite du Stade de Reims et il adore également le PSG. L'occasion était trop belle de lui offrir ce cadeau et de faire participer Noémie. Nous avons été traités comme des rois. Avant le match, nous avons été invités à descendre sur la pelouse pour assister derrière un but à l'échauffement des stars parisiennes. Et nous avons tous les trois reçu un maillot du club, trois maillots différents, mon père ayant eu droit à l'original bleu et rouge logoté dans le dos d'un magnifique « Maurice 1923 », comme son année de naissance.

Noémie était folle de joie quand elle a reçu le sien à tonalité beige. Elle adore le foot et suit les matchs sur son téléphone. J'ai compris qu'elle discutait sur ses réseaux avec des copains pendant les rencontres.

Nous sommes retournés suivre le match dans la tribune. C'est peu de dire que Noémie l'a traversé en véritable supportrice. Sa phrase forte de l'après-midi ? « Putain, mais qu'est-ce qu'il fout, Hakimi ? » Le pauvre défenseur n'avait pas de chance, il évoluait juste devant nous.

Quand, en seconde période, Mbappé est entré en jeu, elle en a quasiment perdu la parole.

En bons privilégiés, nous avions pu nous garer sous le stade, dans le même parking que les joueurs. Quand nous sommes repartis, un nombreux public attendait ceux-ci derrière des barrières. J'ai roulé aussi lentement que possible pour qu'elle puisse profiter de ce moment de grâce qui l'a éblouie. Tant de personnes se penchaient vers elle pour savoir si, par hasard, elle n'était pas Mbappé, Dembélé, Donnarumma ou Marquinhos.

Le maillot reçu ce jour-là est devenu son fidèle compagnon. Une sorte de fétiche. Elle le met trois ou quatre fois par semaine. J'aime imaginer que c'est une façon pour elle de me remercier.

Dans cette même période, nous avons commencé à aller ensemble au cinéma. J'étais stupéfait qu'elle ne me réponde pas toujours « non » quand je le lui proposais. Nous avons vu quelques beaux films, d'autres carrément nuls. Je ne recommande à personne *Les SEGPA au ski* qui l'a beaucoup fait marrer. Je ne m'en suis pas encore remis.

Plus sérieusement, si je devais en retenir un seul, ce serait *Rosalie*. Deux fois nous en avions vu la bande-annonce et les deux fois elle m'avait demandé si nous pouvions aller le voir. Réalisé par Stéphanie Di Giusto, le film a été présenté en 2023 au Festival de Cannes. Il raconte, en la romançant, l'histoire de Clémentine Delait, une femme à barbe vivant dans un village des Vosges qui défraya la chronique au tournant du XXe siècle. Les souffrances qui lui sont infligées par ses contemporains et qui émaillent cette histoire, magnifiquement interprétée par Nadia Tereszkiewicz et Benoît Magimel, relèvent du plus parfait harcèlement : odieux, viral, impitoyable, humiliant, méprisant, assassin. Noémie l'a regardé la bouche en permanence entrouverte, littéralement fascinée et bouleversée par tant de méchanceté exhibée.

À la fin du film, Rosalie se suicide. Ce ne fut pas le cas de Clémentine Delait qui mourut d'une crise cardiaque à soixante-quatorze ans, en 1939.

Au mois de mai, j'ai fait une surprise à Noémie. Je l'ai amenée au Studio Galande, un cinéma du Quartier latin à Paris où se joue depuis près de cinquante ans le film américain devenu culte, *The Rocky Horror Picture Show*. Je ne lui ai rien dit de ce qui l'attendait. J'avais pour ma part déjà vu plusieurs fois ce spectacle interactif et déjanté. « Vu » est un bien grand mot car on ne peut pas vraiment le voir, avec toute la bande de jeunes acteurs amateurs déguisés qui le parodient devant l'écran dans une folle, stridente et permanente sarabande.

Noémie ne savait encore rien de tout ça quand, après avoir été inondés dans les cris et les rires par un énorme orage dont notre mini-parapluie ne pouvait pas nous protéger, nous sommes allés dîner au restaurant. Elle s'est régalée. Moi aussi du coup, simplement en la regardant. C'est là que je lui ai montré un paquet de riz et une bouteille d'eau que j'avais dans mon sac, sans lui révéler l'usage que nous allions en faire.

Une fois installée dans la salle, elle a été interpellée publiquement par l'une des actrices qui voulait connaître son âge et savoir si c'était son père qui était à côté d'elle. Quatorze ans ? Elle s'est fait un peu chambrer, et moi avec, parce que si cette comédie musicale est pour le moins jubilatoire et totalement déconnante, elle est aussi extrêmement osée.

Noémie a dansé, Noémie a chanté, Noémie a rigolé comme jamais, Noémie a balancé des poignées de riz au moment du mariage de Brad et Janet, et de l'eau lorsqu'ils tombent en panne sous l'orage. Noémie en a reçu également. Bref, Noémie s'est éclatée. Et j'ai la faiblesse de croire que, même si elle ne lui a pas dit, elle a éprouvé un petit sentiment pour celui qui l'avait conduite en ce lieu littéralement dément.

J'ajoute à cette liste sa découverte de l'Adidas Arena de la porte de la Chapelle, une salle construite spécialement pour les Jeux olympiques, où, à l'invitation de mon ami Fabrice Jouhaud, directeur de la Ligue nationale de basket, le dimanche 9 juin, nous avons assisté ensemble, et dans l'espace VIP où l'on est très bien traité, au troisième match de la série finale du championnat de France entre le Paris Basketball et Monaco. À part la défaite cuisante de Paris, elle a tout trouvé génial, même le panini que je lui ai offert avant de reprendre le métro – on ne mange jamais assez.

Sortir avec Noémie, cela ne signifie pas avoir de grandes conversations avec elle. Nous n'en sommes pas du tout là, le temps y pourvoira, je l'espère. Mais cela signifie être ensemble rien que tous les deux et c'est déjà énorme. Au moins, cela m'a-t-il permis d'apprécier à travers quelques réflexions ou certains comportements son extrême maturité. Celle-ci nous a été confirmée scientifiquement le 21 mars, lorsque sa psychologue nous a conviés avec Marie-Frédérique, en présence de Noémie, pour débriefer le « bilan psychologique » qu'elle avait effectué un mois plus tôt durant les vacances.

Je l'ai déjà dit, j'ai longtemps pensé que Noémie était une élève paresseuse qui se laissait aller. J'ai retrouvé son bulletin de notes du premier trimestre de cette année scolaire déchirante. Je ne l'avais pas vu passer quand il avait été envoyé en décembre, nous avions la tête totalement ailleurs. Je passe rapidement sur les commentaires individuels du type : « Assez bon ensemble mais qui pourrait être meilleur avec un travail personnel plus régulier et approfondi », « Des résultats insuffisants par manque d'investissement », « Quel dommage de commencer l'année avec une telle moyenne. Un travail non rendu malgré mes rappels qui baisse considérablement la moyenne et qui ne reflète pas les capacités de Noémie », pour en venir à l'appréciation globale : « Des résultats inégaux, parfois trop justes par manque de travail personnel régulier et approfondi et de réelle implication en classe. C'est dommage car Noémie peut faire bien mieux. Nous attendons un deuxième trimestre à la hauteur de vos capacités. Vous en êtes capable, courage ! »

Du courage, c'est certain, il lui en a fallu au deuxième trimestre à l'issue duquel nous n'avons évidemment jamais reçu le moindre bulletin.

Le 21 mars, nous étions donc tous les trois chez la psychologue et je me suis retrouvé en présence d'une autre Noémie. Si j'avais fermé les yeux, je n'aurais jamais cru que c'était elle, la reine du « *What the fuck !* » et la dingue de rap, qui s'exprimait. À toutes les questions de la psy, elle répondait, avec précision, d'une voix très timide, très basse, très douce, une voix que je ne reconnaissais pas.

La psy nous a commenté, puis remis un rapport dans lequel on peut lire notamment : « Noémie est dotée de ressources cognitives clairement supérieures à la moyenne du groupe de référence, sans être toutefois dans le haut potentiel intellectuel... L'indice ICV = 124 situe la jeune fille dans la zone supérieure de la courbe. Il est homogène et montre que Noémie réussit mieux que 95 % des enfants de sa tranche d'âge... Noémie comprend le sens des mots et donne une définition concise, précise d'emblée, mais n'hésite pas à approfondir sa pensée pour exprimer les nuances du concept proposé. Elle dispose d'un stock lexical et sémantique étendu et d'une mémoire au long cours opérante. »

Je fais une pause pour indiquer qu'ICV signifie « intégration du cycle de la vie » et que Noémie ne nous a jamais fait profiter de son stock lexical et sémantique étendu, très très loin de là. Je poursuis : « Elle est dotée d'excellentes aptitudes à l'abstraction et à la catégorisation… Dans une épreuve complémentaire (non comptabilisée dans l'ICV) "Compréhension", où elle est invitée à résoudre des situations de la vie quotidienne, ce qui implique la connaissance et l'intégration des règles de la vie en société et des conventions comportementales correspondantes, elle se montre d'une grande maturité de réflexion, elle fait appel à ses expériences passées et sait utiliser son intelligence pour donner une réponse pratique, elle fait preuve de bon sens et d'un vrai souci d'autrui. L'intelligence sociale est d'un niveau très supérieur… L'indice IRF (indice raisonnement fluide) situe Noémie dans la zone supérieure de la courbe. Elle réussit mieux que 94 % des sujets de son âge… L'indice IVS = 102 (indice visuo-spatial) est correct mais juste moyen et en décalage avec les autres indices. »

Ce dernier élément fait référence aux formes géométriques et indirectement aux chiffres, il ne pouvait pas nous surprendre. Le reste m'a laissé pantois.

La conclusion du rapport ? : « Nous sommes face à une jeune fille sympathique, agréable et qui parle volontiers. Elle s'est montrée tout à fait coopérante et désireuse de réussir. Sa pensée est riche et puissante, son raisonnement naturel bien développé. Elle est brillante, autonome dans son travail et dispose de ressources cognitives élevées. Elle dispose de facilités dans certains domaines et ses connaissances lui confèrent un très bon niveau de discussion. »

Ma conclusion ? Ce portrait ne correspondait pas du tout à ce que je voyais au quotidien de Noémie, à ce que je pensais d'elle. J'avais la confirmation que je ne connaissais pas ma fille, que j'étais bel et bien passé à côté d'elle, sans la deviner, sans la comprendre.

La psychologue a terminé en nous disant qu'il fallait plutôt la considérer comme une personne de seize ans et dix mois, deux ans et demi de plus que son âge réel. Pour moi, c'était un véritable choc. Maintenant, je sais.

Deux autres souvenirs pour finir. Un samedi soir du mois de mai, Alice est venue dormir à la maison. Il était aux alentours de minuit et, avec Marie-Fred, nous étions déjà couchés quand nous avons entendu Noémie partir dans un immense et interminable éclat de rire. En d'autres circonstances, l'un de nous se serait levé pour lui demander vertement de respecter ceux qui essayaient de dormir. Là non, nous étions si heureux. À croire qu'elle avait pu faire table rase du passé. Une énorme erreur, hélas, la suite allait nous l'apprendre.

Un autre soir, je regardais un match à la télé, assis sur le canapé, quand elle est venue dans mon dos et a commencé à me gratouiller l'arrière du crâne. J'ai cru que c'était Robin, qui est coutumier du fait, mais non. Je n'en ai pas cru mes sensations. « Ça fait du bien, hein ? » m'a-t-elle dit, avant de s'en aller sans même que j'aie eu le temps de lui répondre. Je le fais aujourd'hui, au moment où j'écris : « Oui, ma chérie, ça fait vraiment du bien. »

CHAPITRE 22

« Ça ne s'arrêtera jamais »

(Par Noémie)

Je vais d'abord parler des choses positives parce qu'il y en a tellement peu que je ne veux surtout pas les oublier. Après les vacances de février, j'ai reçu par la poste une lettre envoyée par mon ancienne professeure de français de cinquième et quatrième que j'aimais beaucoup. Voici ce qu'elle m'écrivait :

« J'ai appris avec tristesse ton départ du collège. J'espère que cela sera enfin synonyme d'un peu d'apaisement pour toi. Je sais que ta route est encore longue mais je voudrais te répéter encore une fois combien je te trouve courageuse et combien il est important de parler. Tu es un exemple pour de nombreuses filles qui malheureusement vivent ou vivront cet enfer du harcèlement. Les adultes n'ont pas toujours été à la hauteur et j'en suis bien triste pour toi… » J'ai pleuré en la lisant.

J'ai beaucoup pleuré aussi quelques jours après, en recevant l'immense carte que m'avaient envoyée les élèves de la classe que je venais de quitter. Pourtant, je n'étais pas du tout proche d'eux. C'est la professeure de français qui avait proposé à la classe de le faire. Elle avait écrit en premier en haut de la carte : « Quand j'ai proposé à la classe de le faire, ils ont tout de suite été enthousiastes. »

Monsieur Renoir avait aussi mis un mot. Il y avait une vingtaine de messages collés sur la carte. J'en ai choisi quelques extraits qui m'ont vraiment chamboulée :

« Peut-être que tu ne t'en rends pas compte, mais tu es vraiment une personne courageuse et admirable. Tu devrais t'en souvenir plus souvent. »

« Tu as été très forte, courageuse, je suis fière de toi. Ça fait vraiment bizarre sans toi. » Ça, c'était Alice.

« Reste forte, ta beauté intérieure est plus puissante que toute obscurité. Tu es exceptionnelle et le monde est plus lumineux avec toi. »

« J'ai compris maintenant que tu as subi le cyberharcèlement sur les réseaux sociaux mais cela arrive à tout le monde. Tu as bien fait d'avoir quitté le collège pour te protéger. Mais tu nous manques vraiment et nous pensons à toi. »

« Bonne chance et achète un nouveau cahier de physique chimie. » C'est vrai que le mien était complètement déchiqueté.

Passé le 25 février et ma première journée au nouveau collège avec la sortie au théâtre, j'ai enchaîné dès le lendemain avec le brevet blanc. Je n'étais pas du tout prête et en plus, comme on ne fait pas le programme dans le même ordre selon les collèges, il y avait des sujets que je n'avais même pas encore étudiés. De toute façon, moi, je n'avais pas étudié grand-chose depuis quelques mois, pour ne pas dire rien du tout.

Dans certaines matières, physique-chimie par exemple, j'ai rendu copie blanche. J'ai quand même pris le temps de lire les sujets mais j'ai vite compris que je pouvais laisser tomber. Comme on faisait en même temps techno et SVT, j'ai répondu aux questions dans ces matières et ensuite j'ai dormi, à la limite de rêver.

En histoire-géo et EMC (éducation morale et civique), j'ai rendu aussi copie blanche pour la partie histoire. En maths, j'ai rempli quelques trucs puis j'ai dormi. Je crois que je n'ai même pas eu vingt-cinq sur cent. De toute façon, je n'en avais rien à faire. Je ne savais même pas pourquoi j'étais là. Juste pour attendre la fin du collège en étant à peu près tranquille.

Mais sur ce point, ça n'a pas été une grande réussite.

Il y a vraiment eu quiproquo car, quand je suis arrivée dans mon nouveau collège, j'ai vite constaté qu'il y avait des gens qui semblaient me connaître alors que je ne les connaissais pas. C'était étrange, mais bon, on était toujours dans la même ville, donc pourquoi pas ? Et puis, peut-être deux semaines après mon arrivée, un garçon de mon nouveau collège m'a envoyé un message sur les réseaux sociaux. C'était un autre élève de troisième, pas de ma classe. Il me demandait : « Est-ce que c'est vrai que tu baisais avec plein de mecs dans l'autre collège ? » J'ai répondu en lui demandant qui lui avait dit ça. Il m'a dit qu'il ne savait pas, qu'il en avait juste entendu parler. Je lui ai répondu que c'était totalement faux mais qu'il pensait ce qu'il voulait. Preuve que je n'étais plus très lucide, je ne lui en ai pas voulu parce qu'il ne faisait que me rapporter des choses qu'il avait entendues, mais surtout j'ai compris que même dans mon nouveau collège, je n'allais pas pouvoir être tranquille.

J'entendais tout le temps des rumeurs sur le sujet. Des gens venaient me voir pour savoir si c'était vrai ce qu'on racontait ou alors si c'était vrai que je m'étais fait virer d'un collège d'une autre ville du département. Ils croyaient vraiment que j'étais arrivée dans leur collège parce que je m'étais fait virer. Même sans me connaître, comme d'habitude, des gens pensaient des choses qui voulaient dire que j'étais une mauvaise personne. Ça voulait dire : « C'est évident que tu as fait des conneries puisque tu t'es fait virer. »

Certains disaient même que c'est parce que j'étais une harceleuse qu'on m'avait changée de collège.

Après, des personnes ont commencé à dire, non pas à moi directement mais dans un collège tout finit par revenir à nos oreilles, que j'avais « baisé des mecs » dans mon ancien collège et aussi que j'avais « sucé un mec » dont ils donnaient même le prénom.

Ensuite, il y a eu un mec de mon ancien collège qui s'est amusé à dire aux gens que lui et moi on avait baisé derrière un buisson dans la ville. Forcément, c'est revenu jusque dans mon nouveau collège où des gens en ont entendu parler.

Je ne sais plus trop comment je suis devenue amie avec Eva. On s'était croisées dans la cour. Je lui avais raconté ce qui m'était arrivé. Il se trouve qu'Eva était dans le même club sportif que Constance, une élève de mon ancien collège que je connaissais depuis longtemps. Un jour, Eva a demandé à Constance si elle me connaissait. Constance lui a répondu oui et lui aurait dit des trucs du genre : « Ah ouais, elle a tourné dans tout le collège », ce qui voulait dire que je m'étais tapé des tas de mecs. Elle lui aurait dit aussi que j'étais une mauvaise personne, que j'étais une harceleuse et que je jouais à la dépressive.

Eva me l'a raconté et j'ai décidé d'aller voir Constance à la sortie de l'ancien collège pour lui dire ce que j'en pensais. Papa et maman, à qui j'en ai parlé, me l'ont fortement déconseillé en me disant que ça ne servait plus à rien, qu'il risquait de surgir de nouveaux problèmes. Robin, lui, me disait que si j'y allais, il fallait que je lui fasse vraiment mal pour qu'elle arrête de dire des conneries. Moi, je n'en pouvais plus, j'étais en colère, je voyais que les choses n'arrêtaient pas de s'aggraver, alors que je voulais juste qu'on me laisse tranquille.

Au club, elle me l'a raconté après, Eva a dit à Constance : « Je crois que Noémie veut venir te voir. » Constance lui a répondu : « De toute façon, je n'ai rien à me reprocher, je n'ai pas peur d'elle. » Elle lui a dit aussi que c'est elle qui allait venir avec des potes pour m'attendre devant mon nouveau collège.

En tout cas, malgré les conseils de maman et papa, je n'ai pas changé d'avis. Je voulais un peu engueuler Constance et lui demander d'arrêter de dire des bêtises et des mensonges sur moi. J'ai galéré pour trouver un jour où je puisse arriver au collège avant qu'elle ne soit sortie. Un jeudi après-midi, j'y suis donc allée, accompagnée d'Anaïs, une copine de l'équitation et de Baptiste, un copain du collège que j'aimais bien. On est arrivés à seize heures quarante-cinq, l'heure de la fin des derniers cours. On a appris que Constance était déjà partie à quatorze heures quarante-cinq.

À ce moment-là, Baptiste a vu un mec avec lequel il s'embrouillait tout le temps. Baptiste l'a appelé et ils ont commencé à se bousculer. Et là, c'est incroyable, on a vu un adulte qui arrivait. J'ai appris plus tard que c'était le beau-père du gars. Là tout a dégénéré.

Son beau-père a demandé à son fils : « Il est où cet enculé ? » Il parlait de Baptiste. Celui-ci est entré dans la cour pour se protéger. Le beau-père s'est mis à courir derrière lui. Il l'a rattrapé et il lui a mis une grosse patate par-derrière. Baptiste n'était pas trop sonné. Un des surveillants est sorti en courant de l'intérieur du bâtiment du collège et il a été obligé de frapper le beau-père pour le calmer car il criait et il était violent. Avec l'aide de profs qui quittaient le collège, ils ont réussi à le faire ressortir. Mais il est resté juste devant la grille et il disait : « J'attends qu'il sorte, je vais l'enculer, je vais le buter. »

Les gens essayaient de le calmer. Là, j'entends le beau-père qui nous avait vues, Anaïs et moi, avec Baptiste dire : « Mais elles sont où les deux, là ? » Je n'avais rien à me reprocher, je suis allée le voir en lui disant : « C'est moi, qu'est-ce qui se passe ? » Il a commencé à lever la main sur moi sans me frapper. Il m'a dit : « Je ne sais pas à quoi vous jouer toutes les deux, je vais vous enculer aussi. »

Ensuite la principale est arrivée. Je ne sais pas si elle m'a vue. Elle a demandé à tout le monde de partir. Après les keufs ont débarqué avec la mère du mec. Avec Anaïs, on est passées devant eux en repartant et la mère nous a dit : « Je retiens vos têtes. » Je lui ai dit : « Vous pouvez retenir ma tête, de toute façon je ne suis pas dans ce collège. »

Voilà le genre de choses qui arrivaient dans mon ancien collège. Quand je suis rentrée à la maison, j'étais encore très choquée.

Au mois de mai, je suis allée assister à un grand tournoi de foot pour les jeunes qui se déroulait dans notre ville. Je devais retrouver Eva. J'en profite pour dire qu'au collège, il commençait à y avoir beaucoup de tensions entre Eva et ses copines parce qu'elle traînait avec moi. Je portais des lunettes de soleil alors qu'il pleuvait. Je suis arrivée au stade et j'ai écrit à Eva pour lui demander où elle était. Elle m'a répondu qu'elle était dans les gradins avec Constance. Elle est descendue pour venir à ma rencontre et là, elle me raconte que Constance avait dit en me regardant : « C'est quoi, ces lunettes de pute ? »

Il y avait aussi deux filles de mon ancien collège, et Eva m'a dit qu'en me voyant l'une d'elles avait dit : « Ah tiens, c'est la meuf qui a tourné. » J'ai trouvé les réseaux d'une de ces filles et je lui ai demandé pourquoi elle disait des choses sur moi. Elle a nié les avoir dites. Je lui ai fait savoir qu'elle avait intérêt à ne plus parler de moi.

Ce jour-là, j'ai aussi croisé Thomas et Jules qui étaient avec d'autres potes à eux. Ils m'ont beaucoup regardée, j'étais à cinq mètres d'eux, mais on ne s'est pas parlé.

Je dois aussi préciser que je n'ai rien dit à papa et maman de tous les problèmes liés à mon harcèlement que j'avais rencontrés peu après mon arrivée dans mon nouveau collège. Je ne voulais pas les embêter. Je préférais gérer toute seule. Je leur ai juste parlé de l'histoire avec Constance parce qu'ils la connaissaient. J'ai bien vu que maman était contrariée d'apprendre ça.

Un mercredi du mois de juin, alors que maman me conduisait au collège en voiture à huit heures et qu'on était presque arrivées, j'ai lancé dans la discussion : « Tu sais, les rumeurs, elles sont toujours là. » Pour moi, c'était juste un constat, parce que j'y étais habituée. Je ne sais même pas pourquoi j'ai dit ça, même si c'était vrai. Quelques secondes après, alors que j'étais en train de descendre de la voiture, je lui ai dit en plaisantant : « C'est bon, j'ai fini les cours, ramène-moi à la maison. » Ça l'a un peu agacée, je crois. Puis je suis partie rejoindre Eva.

Deux minutes plus tard, alors que je marchais pour rentrer dans le collège, j'ai aperçu maman devant le bâtiment. Je n'ai pas compris comment elle pouvait être là. En fait, elle s'était garée et était revenue très vite. Elle m'a demandé de lui donner les noms de ceux qui propageaient les rumeurs. Je lui ai répondu que je ne les connaissais pas. Elle m'a dit : « Mais si, tu sais. » Je lui ai redit que non et là elle m'a lancé en gueulant : « Aujourd'hui, tu réfléchis à tous les noms, ce soir, tu me les donnes et je reviens demain pour aller les voir un par un. »

Ensuite, elle est repartie. Quand papa est venu me rechercher à dix heures – je n'avais que deux heures de cours –, il m'a raconté que maman était allée faire un scandale à mon ancien collège après m'avoir quittée tout à l'heure.

Le samedi suivant, je me promenais très tard le soir avec un copain sur un chemin pas loin du centre-ville, mais très isolé, quand nous avons croisé Damien, qui est un élève de troisième de mon ancien collège. Il était avec son frère, qui lui est dans mon nouveau collège parce qu'il a été viré de l'ancien, et avec un pote à eux. Ils sont venus vers nous, ont dit bonjour à mon copain. Moi, je n'ai pas dit bonjour parce que j'en avais pas envie. Ils sont repartis. On ne le voyait plus quand on en a entendu un, je ne peux pas dire lequel, qui a gueulé : « Noémie est une grosse pute. » Et puis un autre qui a crié : « Noémie, t'es vraiment une grosse salope. » Après, ils sont revenus. On était assis sur un banc. On s'est levés et on est partis. Ils nous ont suivis. Et puis Damien est venu devant nous et il a commencé à nous filmer, sans notre consentement bien sûr. Il faisait nuit noire, on avait le flash en pleine figure. En même temps qu'il filmait, il parlait. Il disait : « Regardez qui j'ai trouvé, regardez qui j'ai trouvé. » On lui a demandé d'arrêter et ils sont repartis.

Deux jours plus tard, c'était le lundi 10 juin, à cause de la visite de maman du mercredi d'avant dans mon ancien collège, je me suis retrouvée dans le bureau de la CPE du nouveau collège. Maman vous expliquera comment et pourquoi. La CPE ne m'a rien dit de spécial mais, au moins, pour la première fois, elle m'a reçue. J'en ai profité pour raconter l'histoire du samedi soir et j'ai donné le nom du mec de mon ancien collège qui m'avait insultée et filmée.

Le soir de la Fête de la musique, je suis allée en ville. Je ne veux pas entrer dans les détails mais encore une fois, j'ai croisé des gens de mon ancien collège et ça a recommencé. Certains poussaient des cris quand ils me croisaient, d'autres faisaient carrément demi-tour quand ils me voyaient.

Et puis l'année scolaire s'est terminée. Papa me demandait souvent si je révisais pour le brevet. Je lui disais « oui » mais d'une toute petite voix. Il n'était pas dupe. Je m'en fichais de l'avoir ou pas.

Pendant tout ce temps, il a quand même fallu que j'essaie d'avancer, de penser à l'avenir et ça n'a pas été facile. Surtout pour me trouver un nouveau lycée. Moi, je m'en moquais totalement de savoir dans quel lycée j'atterrirais, du moment qu'il n'y aurait pas les harceleurs. Je suis allée plusieurs fois rencontrer une psychologue. J'ai trouvé ça intéressant. Elle m'a fait raconter mon histoire. Elle, elle ne disait pas grand-chose. Parfois, j'ai pleuré en lui parlant, mais ça ne m'a pas gênée parce que de toute façon j'avais pris l'habitude de pleurer. Elle m'a aussi fait passer un test sur le potentiel intellectuel dont le résultat ne m'a pas surpris. Je me rendais compte depuis longtemps que j'étais attirée par des personnes plus âgées que moi et que je ne pouvais pas être bien au collège. Pour les chiffres et les formes géométriques, avec lesquels j'ai toujours autant de mal, je n'ai pas non plus été étonnée. Elle m'a conseillé de voir une psychomotricienne, ce que j'ai fait.

Et puis avec la conseillère d'orientation, j'ai plutôt passé des moments intéressants. À la fin, quand elle nous a donné les conclusions, elle a dit qu'il y avait deux métiers qui ressortaient : juge pour enfants et knowledge marketing. Le premier, je ne sais pas du tout pourquoi, parce que je n'ai pas envie de faire ça, et l'autre, je ne sais même pas ce que c'est.

CHAPITRE 23

Le combat continue

(Par Marie-Frédérique)

Nous étions le 10 février et tous nerveusement épuisés. Nous ne pouvions pas nous satisfaire du fait que Noémie allait changer de collège, mais c'était la moins mauvaise des solutions. Elle était même vitale pour elle. Je n'imaginais pas encore que les choses puissent enfin bouger dans le bon sens, mais au moins je me sentais en mode pause.

Pour elle, l'horizon se dégageait d'autant plus qu'elle allait partir une semaine en stage compétition d'équitation à Lamotte-Beuvron, là où elle avait brillé en juillet 2023 lors des championnats de France. Elle allait se retrouver avec toutes les copines, majeures pour la plupart, de son club.

La première semaine, nous sommes restés chez nous. J'ai pour habitude de parler avec Noémie par SMS, même parfois quand nous sommes toutes les deux à la maison, elle en haut dans sa chambre, moi en bas.

Le mercredi 14, au cours d'une de ces discussions, alors que je m'inquiétais de sa santé, elle m'a répondu textuellement : « Maman, je pense que c'est parce que je ne mange pas, donc j'ai ni vitamine ni fer ni rien du tout, mais là, genre dès que je reste debout plus de trente secondes, je dois m'asseoir parce que je me sens bizarre. » Le lendemain, j'ai eu droit à ce SMS : « Euh, maman, tu vois mon jean gris à la base genre il était vraiment serré au niveau des cuisses même pour le fermer, euh là il est large carrément. Après, j'ai perdu 4 kg. » Son collège ne nous l'a pas rendue dans un très bon état.

Deux jours après le départ de Noémie pour son stage, j'ai reçu le message suivant de sa coach : « Juste pour te dire que Nono mange bien, que je la surveille et que tout se passe bien. » Je n'étais pas vraiment soucieuse parce que je sais que Noémie ne peut pas être mieux qu'avec des chevaux, dans un univers bienveillant pour elle, mais ça m'a fait plaisir de le lire.

À son retour, nous lui avons montré le nouveau courriel de sa prof de français. Il faisait suite à la réponse que nous lui avions faite, cosignée de nous trois. Il était arrivé deux jours plus tôt et une fois encore il nous avait beaucoup émus. En voici des extraits : « Je vous remercie d'avoir pris le temps de cette touchante réponse en pleine tourmente. Les mots que j'ai employés pour décrire Noémie sont sincères et il ne fait aucun doute pour moi que toutes ses qualités ne vont faire que s'épanouir… Quel dommage que des idiots cruels aient gâché sa fin de scolarité parmi nous… Le beau lien que Noémie a avec les chevaux sera sûrement d'une précieuse aide pour soigner ses blessures… » Ce n'est pas la principale qui nous aurait envoyé ce genre de courrier.

En récupérant Noémie après son stage, je l'ai trouvée changée : elle donnait l'impression d'avoir mis un peu toute cette histoire de harcèlement derrière elle. Elle n'a rien exprimé quant à ses débuts dans son nouveau collège. En revanche, elle était très chagrinée par le fait que le dernier jour du stage, son cheval avait fait trois refus devant un obstacle lors d'une petite compétition qui avait été organisée. Par chance, elle aurait l'occasion de prendre sa revanche deux jours plus tard, lors d'une compétition officielle cette fois-ci.

Je ne vous raconte pas son bonheur quand elle a appris, après un parcours sans faute, qu'elle avait fini troisième sur cinquante-deux. Je me suis rendu compte qu'elle avait retrouvé l'esprit de compétition, le mordant qui va avec, ainsi que sa fierté. Là, c'était vraiment positif.

Ce soir-là, nous aurions presque été enfin heureux s'il n'y avait pas eu la perspective stressante du lendemain et des débuts de Noémie dans son nouveau collège.

Pour moi, le combat était loin d'être terminé. En janvier, j'avais téléphoné à une ancienne voisine devenue amie pour prendre de ses nouvelles, et aussi pour lui parler un peu de Noémie et de sa situation. Il se trouve que cette amie avait été principale dans plusieurs collèges de la région parisienne et qu'elle était jeune retraitée. Elle m'avait notamment raconté comment elle avait géré l'un des cas de harcèlement auxquels elle avait eu à faire face durant sa carrière. Elle avait convoqué les harceleurs et leurs parents dans son bureau en présence d'un avocat qui leur avait expliqué quelle était la législation en la matière. L'affaire s'était arrêtée là. Une principale n'en vaut pas une autre.

Je l'ai recontactée le 20 février pour la tenir au courant du changement de collège de Noémie et pour savoir à qui je devais écrire pour faire connaître l'histoire en haut lieu, et surtout pour anticiper notre demande d'affectation dans un lycée pour la rentrée de septembre 2024.

Très clairement, Noémie refusait d'aller dans le lycée de secteur où elle aurait à coup sûr recroisé la route de ses harceleurs. Cette amie m'a dit que je devais écrire au recteur et à deux directeurs de l'académie. Elle m'a également conseillé quelques types de phrases diplomatiques à utiliser.

Le lundi 26 février, nous avons donc envoyé à ces trois personnes une lettre dont voici l'intégralité :

« Nous venons par ce courrier vous informer que notre fille Noémie Ejnès (14 ans), élève en troisième au collège [ici le nom du collège et de la ville], a subi un cyberharcèlement suivi de harcèlements diffamatoires qui ont débuté au mois de novembre 2023.

« Sur les conseils de la CPE, nous avons fait le 3018 que notre fille a rempli avant de déposer plainte à la gendarmerie. Nous l'avons soutenue jour après jour car elle voulait continuer à aller au collège.

« Nous pensions que la direction, avertie par la CPE, prendrait en compte la situation et engagerait des mesures. Nous ne comprenons pas pourquoi la principale ne nous a jamais ni appelés ni convoqués. Nous savons que des protocoles existent. Nous avions confiance et pensions que les équipes du collège les appliqueraient. Il aura fallu que l'on prouve que notre fille était en danger pour qu'enfin la direction se décide à agir au bout de plus de deux mois, un délai insupportable.

« Pour mettre un terme à la souffrance de notre fille, nous avons pris la décision, à notre grand regret évidemment, de la changer d'établissement. Nous regrettons que Noémie, en tant que victime, n'ait jamais eu le sentiment d'être soutenue et qu'elle se soit retrouvée dans l'obligation psychologique de changer de collège, ce qui peut s'apparenter à une double peine.

« Désormais, nous nous inquiétons pour la poursuite de sa scolarité au lycée. En effet son lycée de secteur est [ici le nom de ce lycée] où elle se retrouverait en présence de ses harceleurs, une confrontation que nous souhaitons éviter. Nous espérons que vous porterez une attention particulière à son orientation.

« Nous avions toute confiance dans l'institution scolaire, une confiance largement entamée par ces événements. »

Nous n'avions plus qu'à attendre des réponses. J'anticipe en disant que les reproduire ne prendra pas beaucoup de place, vu que ces trois courriers, nous les attendons toujours.

Notre vie familiale a repris son cours à peu près normal, même si elle a été perturbée par des informations en provenance de l'ancien collège, notamment celle-ci, qui balance entre le comique et le désespérant. Après les vacances de février, donc après le départ de Noémie, mais en présence d'Alice, Arthur a été « condamné » à faire un exposé sur le harcèlement scolaire. On nous a raconté qu'il l'avait fait en ricanant, sans le prendre au sérieux. Lorsqu'un élève lui avait demandé à propos de la vidéo : « Ce sont les images de qui ? », il avait répondu : « C'est le film de Noémie », accréditant, sans doute par maladresse, le fait qu'il s'agissait bien de Noémie sur les images. Alice est sortie en pleurant et en criant : « On se fout de notre gueule. »

Dans sa grande sévérité, la direction a exigé d'Arthur qu'il recommence son exposé. Ce qu'il a fait. Il paraît que c'était plutôt bien et qu'il a reçu des félicitations. Voilà, Noémie aurait pu perdre la vie dans cette affaire et son harceleur principal a terminé l'année scolaire non seulement sans être sanctionné, mais avec les félicitations du jury. Noémie doit vivre avec cette triste fin qui la hante, et nous avec.

Noémie ne nous parlait pas beaucoup de son adaptation à son nouveau collège et nous en tirions la conclusion qu'elle n'y affrontait pas de problèmes particuliers en dehors de la partie purement scolaire. On savait vaguement qu'elle s'était fait un ou deux copains. Elle vous a raconté la réalité qui nous a longtemps échappé. Je peux tout de même signaler que j'ai demandé un rendez-vous à sa nouvelle principale pour évoquer la problématique de son futur lycée. La réponse qui m'a été transmise par l'un de ses adjoints a été très claire : « Voyez ça avec sa professeure principale. » Appelons cela un refus, un de plus dans cette désespérante histoire.

Avec Gérard et Noémie, nous avons donc rencontré la professeure principale qui ne nous a pas dressé un bilan très élogieux des performances scolaires de notre fille, ce dont, avouons-le, nous nous fichions alors éperdument. En dépit des arguments que nous lui avons exposés, elle nous a expliqué que le plus simple était de l'inscrire dans un lycée de notre secteur – merci pour le soutien –, mais il est vrai qu'elle n'avait aucun pouvoir de décision.

Plus tard, nous rencontrerons tous les trois sa professeure de mathématiques qui souhaitait nous voir pour parler des difficultés de Noémie dans cette matière et en général. Elle a gentiment proposé de l'aider lors des récréations ou après les cours. Elle nous a également dit qu'elle se demandait s'il ne fallait pas la faire redoubler tout en nous expliquant que redoubler n'était pas simple et qu'il faudrait que nous remplissions un dossier pour en faire la demande. Nous en sommes restés stupéfaits. Il était tellement évident que la trop mature Noémie devait quitter et même fuir le monde du collège.

En dehors de l'école, Noémie était maintenant beaucoup plus cadrée. Le 7 mars, je l'ai accompagnée à son second rendez-vous chez une conseillère d'orientation qu'un ami nous avait recommandée. Nous cherchions à savoir vers quelle filière l'orienter au lycée. Gérard vous a parlé du premier rendez-vous.

Le 21 mars, avec Gérard, nous avons rencontré sa psychologue en sa présence afin qu'elle nous donne le résultat du bilan psychologique qui était en fait un test WISC V, ou pour parler plus simplement, une détermination de son quotient intellectuel. Là encore Gérard vous a décrit cet étonnant rendez-vous qui l'a laissé bouche bée. Pour ma part, j'étais un peu moins surprise. J'avais anticipé une pareille conclusion tant Noémie me paraissait différente des ados de son âge.

Le 30 mars, nous avons débriefé en visio avec la conseillère d'orientation, en présence de Noémie, le travail qu'elles avaient fait ensemble. Ce qui était cocasse, c'est que tout ce qui intéresserait *a priori* Noémie ne correspondait qu'à des études longues. Elle a ajouté que ses réponses étaient toujours pertinentes.

Nous avions désormais une meilleure connaissance de notre fille mais encore fallait-il faire avancer le dossier lycée. Début avril, n'ayant donc toujours reçu aucune réponse de la part de l'académie à nos trois courriers, nous avons décidé de renouveler la tentative. Nous avions bien sûr avancé dans nos recherches personnelles et avions effectué un choix que nous avons précisé dans ces nouvelles lettres datées du 5 avril, et envoyées cette fois-ci en recommandé avec accusé de réception.

Elles ne différaient guère de celles du 26 février. Seule la fin était modifiée.

Nous avons attendu. Les accusés de réception nous sont revenus, c'était déjà ça. Une amie infirmière scolaire à laquelle j'ai raconté toute l'histoire m'a conseillé d'écrire à la médecin scolaire du département qui était susceptible selon elle de nous aider. Je l'ai appelée et suis tombée sur une secrétaire qui m'a dit d'envoyer un mail précisant les raisons de ma demande de rendez-vous. Ce que nous avons fait.

J'aurais aimé vous livrer le texte de sa réponse et la teneur du rendez-vous mais il se trouve, hélas, que comme nous n'avons pas eu de réponse, nous attendons toujours le rendez-vous.

Entre-temps, nous nous étions rendu compte que le lycée que nous avions proposé pour Noémie dans nos courriers du 5 avril n'était sans doute pas le bon, ce qui ne justifiait évidemment pas l'absence de réaction. Il s'agissait d'un établissement d'excellence mal adapté à son rejet du travail.

Après de nouvelles recherches, nous nous sommes rabattus sur un autre lycée, certes plus lointain, mais à taille humaine. Nous sommes allés le voir avec Noémie le 1er mai. Impossible d'y entrer évidemment, mais cette visite lui a permis d'en apprécier le cadre. Tout y était forcément très calme. Monsieur Renoir nous en avait, qui plus est, dit le plus grand bien, et il offrait la filière STMG que Noémie souhaitait intégrer à partir de la première.

Le 6 mai, nous avons rempli sur Educonnect les choix des futurs lycées. Il fallait mettre quatre noms dont obligatoirement le lycée de secteur dont nous dépendions. Nous avons placé en premier le lycée hors secteur que nous étions allés voir le 1er mai. En parallèle, le lendemain, nous avons envoyé une troisième série de lettres, avec accusé de réception, au recteur de l'académie et à la directrice académique du département, en précisant le lycée que nous souhaitions pour Noémie. Ces nouveaux courriers reprenaient les raisons de notre demande telles que nous les avions déjà exposées dans nos envois précédents.

À cette date, nous n'avions toujours pas reçu la moindre réponse à nos trois courriers du 5 avril. J'en étais bien sûr affligée et désabusée. Comment cela était-il possible ? Gérard m'a alors dit qu'il fallait passer à la vitesse supérieure, ce qui d'ailleurs le désolait. Il l'a fait le 8 mai. Il vous racontera dans quelles conditions.

Le 13 mai, miracle, nous avons enfin reçu une réponse, datée du 7, signée par la « directrice académique départementale ». Elle répondait bien sûr à notre lettre du 25 avril et non à celle que nous venions de lui adresser le jour même. J'aurais beaucoup aimé pouvoir donner le nom de cette directrice. Franchement, elle l'aurait mérité. Voici quelques extraits de sa réponse :

« … Je porte à votre connaissance que bien que sensibles aux arguments qui ont déjà mené Noémie à changer de collège en cours de scolarité, mes services ne peuvent garantir une telle affectation à ce stade de la procédure.

« J'attire également votre attention sur le fait que – outre le lycée A et le lycée B –, votre zone de desserte comprend également le lycée C et le lycée D qui sont autant d'établissements susceptibles d'accueillir les élèves avec lesquels Noémie ne souhaite plus être en contact.

« S'il peut se révéler judicieux de solliciter des établissements hors de votre zone de desserte dans la liste de vos vœux d'affectation, j'ajoute qu'il est essentiel de faire figurer dans cette liste les quatre établissements de la zone afin d'assurer une affectation à Noémie… »

Voilà, cette personne nous demandait de faire figurer dans notre liste les quatre établissements où, elle le disait elle-même, Noémie risquait de recroiser l'un ou l'autre de ses harceleurs. Totalement déprimant.

CHAPITRE 24

Un souffle d'espoir

(Par Gérard et Marie-Frédérique)

GÉRARD — Nous en avons marre des courriers qui restent sans réponse, marre de toute cette attente, marre de nous inquiéter pour la future affectation de Noémie, marre de trembler pour elle. Il nous semble tellement couler de source que notre demande de désectorisation doit être prise en compte pour son bien-être que nous ne supportons plus les silences et les atermoiements. Nous aurions tellement aimé que les choses se fassent naturellement, en douceur, avec humanité. Il nous reste une carte à abattre. Je vais la jouer avec le concours de circonstances favorables.

Mon père, malgré son grand âge, a encore assez bon pied et à coup sûr bon œil. Il vit à Bruxelles mais il passe le mois de mai chez nous. Durant la Seconde Guerre mondiale, il a été résistant, puis il s'est engagé dans l'armée pour participer à la campagne d'Allemagne en 1945 avec le 23ᵉ régiment d'infanterie coloniale (RIC).

En cette année de célébration du quatre-vingtième anniversaire de la Libération, pas question de rater la commémoration du 8 mai au monument aux morts de notre ville.

Nous sommes à peine arrivés que je croise la suppléante et l'assistante parlementaire de notre député. Je les connais toutes les deux très bien. La première est une amie. Elle est déjà au courant du harcèlement dont Noémie a été victime. Nous en parlons devant la seconde. J'aborde la question du choix du futur lycée. Très vite, l'attachée parlementaire me dit qu'il faut faire intervenir François, notre député, qui d'ailleurs, me précise-t-elle, va venir pour la cérémonie. Elle me demande de lui envoyer un mail, à elle, pour expliquer toute l'histoire et formuler notre souhait d'affectation de lycée.

La cérémonie terminée, forcément très émouvante et encore plus pour mon père, je me dirige vers François, que je n'ai pas revu depuis le fameux épisode au collège de Noémie en janvier. Je lui explique la situation. Il me confirme que je dois envoyer un mail à son assistante et me promet qu'il va intervenir auprès de la ministre de l'Éducation nationale. J'en suis presque gêné. L'affaire aurait pu se régler tellement plus simplement.

À peine rentré à la maison, je rédige donc un nouveau courriel que j'envoie à l'assistante parlementaire. J'y écris notamment en préambule : « Je n'aime pas trop embêter les gens avec mes histoires, mais là il s'agit de Noémie, donc j'ose. »

Le 16 mai, l'assistante parlementaire de François m'envoie le mail suivant : « Bonsoir Gérard. En pièce jointe, le courrier que l'on va envoyer demain après signature de François. On a fait quasi le même pour le rectorat. Tiens-nous au courant. »

J'ouvre fébrilement la pièce jointe pour y découvrir ce qui suit, une lettre adressée à Madame Nicole Belloubet, ministre de l'Éducation nationale. Là encore, en voici les principaux éléments :

« … Élève en classe de troisième au collège [ici le nom du collège], Noémie a été victime de harcèlement pendant plusieurs mois. Après de multiples alertes et une plainte déposée en décembre 2023, ses parents ont décidé de la changer d'établissement en cours d'année, pour qu'elle ne soit plus en contact avec ses harceleurs. Néanmoins, cette période a été très dure pour Noémie et elle est, depuis, suivie pour dépression… Pour éviter d'avoir à subir une nouvelle vague de harcèlement, ses parents souhaitent l'inscrire au lycée [ici le nom du lycée], un établissement à taille humaine et proposant la spécialisation dans laquelle elle souhaite s'engager en première… J'ai par ailleurs envoyé un courrier au recteur de l'académie de Versailles. Je me permets ainsi de solliciter votre appui afin que Noémie puisse étudier dans les conditions les plus favorables à sa réussite. »

Je la fais immédiatement lire à Marie-Frédérique. Elle nous plonge dans le même espoir.

Le 29 mai, nous remplissons manuellement un nouveau document réclamé par le collège pour le choix du futur lycée. Nous avons bien pris soin de mettre en première place l'établissement sur lequel nous avions jeté notre dévolu, suivi de tous ceux où nous ne souhaitions pas qu'elle aille et surtout où elle ne voulait pas aller.

Nous avons accompagné ce formulaire, que Noémie a remis le lendemain à l'administration du collège, d'une lettre expliquant et justifiant notre choix. Après avoir une fois de plus raconté ce que Noémie avait subi, nous avons écrit ceci :

« Dans ce contexte, notre choix s'est porté sur le lycée [ici le nom et la ville du lycée], un établissement tranquille qui assure qui plus est la filière que Noémie souhaite intégrer en première. Nous avons exprimé ce souhait dans de nombreux courriers que nous avons adressés aux autorités compétentes en la matière. La seule réponse que nous avons reçue pour l'instant est assez décourageante et méprise totalement le facteur humain, absolument essentiel dans cette histoire.

« Nous comptons donc sur votre compréhension afin que la demande de Noémie soit prise en compte et qu'elle puisse reprendre le cours de ses études dans des conditions sereines et apaisées. »

*

Marie-Frédérique — Le jeudi 30 mai, un miracle s'est produit. Je me trouvais chez ma mère, dans le Loiret, lorsque, à très précisément quinze heures vingt-deux, mon téléphone a sonné. Je ne connaissais pas ce numéro mais j'ai tout de même répondu, déjà prête à évacuer sans ménagement l'importun désireux de me vendre je ne sais quoi.

J'ai vite compris que j'avais bien fait de décrocher. Au bout du fil se trouvait Madame X qui m'a expliqué qu'elle faisait partie des deux personnes chargées du suivi des dossiers de harcèlement à l'académie de Versailles.

Elle m'a dit qu'elle ne pouvait évidemment pas avoir suivi celui de Noémie pour la bonne raison qu'elle venait d'en découvrir l'existence à travers le courrier qui lui avait été envoyé par Madame Nicole Belloubet. Elle m'a d'ailleurs bien précisé que si celle-ci ne lui avait pas retransmis ce courrier, elle ne serait toujours pas au courant de l'affaire.

Or, a-t-elle ajouté, dans tous les cas de harcèlement scolaire, quels qu'ils soient, son service doit être alerté soit par le 3018 après que celui-ci a été contacté, soit par la direction de l'établissement concerné, et même logiquement par les deux. Il se trouve que Noémie avait bien parlé à quelqu'un lorsqu'elle avait appelé le 3018, puis rempli un dossier transmis par ordinateur – nous en avons conservé les traces –, et que la direction de son collège était pour le moins au courant de l'histoire. Malgré cela, les informations ne sont jamais remontées jusqu'à cette personne. Cherchez l'erreur. À mes yeux, celle de la direction du collège est à l'évidence accablante.

À la demande de cette dame, je lui ai expliqué l'affaire en détail et notamment que nous avions multiplié les courriers à l'académie et au rectorat, huit au total en comptant les relances, pour expliquer la situation et demander un changement de secteur pour le futur lycée de Noémie, sans jamais le moindre retour, à une exception près, assez désolante.

Elle a cherché trace en direct du dossier de Noémie *via* le 3018. Elle ne l'a pas trouvé et m'a demandé de le lui faire parvenir. Elle m'a précisé qu'en cas d'appel sur le 3018 puis d'alerte à son niveau, son service avait l'obligation d'entrer en contact avec la famille et avec le collège dans les quarante-huit heures. Il y a donc eu là un dysfonctionnement, un de plus.

Quant à nos nombreuses lettres, elle ne comprenait pas qu'aucune d'entre elles ne soit jamais arrivée sur son bureau. Lorsque j'ai fait état du contenu de la réponse que nous avions reçue le 13 mai, elle en a été pour le moins étonnée, pour ne pas dire stupéfiée. Là encore, elle m'a demandé de lui transmettre ce courrier.

Elle m'a enfin assuré que son service appuierait totalement notre demande de désectorisation tout en me précisant que nous avions fait un excellent choix d'établissement, ce qui m'a rassurée.

Cette personne a été la première à prêter une oreille attentive au cas de Noémie. Elle s'est dite mal à l'aise avec cette affaire, puis soulagée de savoir que nous avions éloigné Noémie de ses harceleurs en la changeant de collège. Elle s'est préoccupée sincèrement de son sort et de son avenir, ce que personne n'avait jamais fait depuis six mois dans le monde de l'Éducation nationale à l'exception de Monsieur Renoir, de la CPE et des deux professeurs de français ayant eu Noémie comme élève – mais aucun d'eux n'avait un pouvoir de décision.

Il est difficile d'expliquer à quel point cet appel m'a fait du bien. J'ai pensé : « Enfin. » C'était comme si nous pouvions commencer à voir véritablement le bout du tunnel. Quelqu'un de haut placé et de compatissant nous avait tendu la main.

Cette interlocutrice inattendue mais bienvenue m'a rappelée quelques jours plus tard à l'issue de la réunion d'une commission d'affectation en lycée pour les cas particuliers, dont Noémie faisait évidemment partie. Elle m'a dit qu'elle avait bien sûr soutenu l'exception que nous avions demandée et que nous aurions une réponse officielle aux alentours du 25 juin.

La tendance commençait d'autant plus à s'inverser que le mardi 4 juin, nous avons découvert dans l'ENT (espace numérique de travail), un document datant de la veille. Il faisait suite au formulaire et à notre courrier du 29 mai. Sous la mention « demande d'assouplissement », il y était écrit : « Je vous informe que votre demande d'assouplissement à la carte scolaire avec le courrier joint a été transmise ce jour à la responsable départementale dans la lutte contre le harcèlement. »

Il ne faut jamais désespérer d'un mammouth. Celui-ci commençait à émerger de sa longue hibernation.

Je n'étais pas loin d'être rassurée quand la machine harcèlement s'est de nouveau emballée. Noémie, elle vous l'a racontée, a été rattrapée par des rumeurs, que je m'autorise à qualifier de « dégueulasses ». Elles continuaient à la salir à l'intérieur même de son nouveau collège. Je vous ai également dit qu'elle nous l'avait longtemps caché mais ce n'était plus le cas depuis l'apparition de Constance dans ce film d'horreur.

Le mercredi 5 juin, alors que j'emmenais Noémie en voiture au collège, notre discussion sur ces rumeurs qui ne s'arrêtaient jamais m'a fait bondir. Après l'avoir déposée, je suis repartie. Mais au premier rond-point, j'ai eu un coup de sang. J'ai fait demi-tour pour retourner la voir. Je bouillonnais. Je voulais savoir si elle avait plus d'infos sur cette nouvelle rumeur. Par chance, elle était encore dehors avec une copine, celle qui lui faisait remonter les propos minables de Constance. Je lui ai demandé si, en plus de Constance, elle pouvait me donner des noms d'élèves de son ancien collège susceptibles de continuer à la harceler de loin, et d'élèves de son nouveau collège susceptibles de véhiculer toutes ces sales rumeurs. Elle m'a répondu qu'elle ne savait pas. Je lui ai demandé de réfléchir.

Je suis repartie. La colère ne me quittait pas. Je suis allée directement à son ancien collège. J'ai sonné et demandé à voir la CPE. On m'a ouvert. J'ai signé le registre et je suis entrée dans l'établissement, ce que je pensais bien ne plus jamais avoir à faire.

Je suis allée dans le bureau de la CPE pour lui résumer ce qui se passait depuis un mois. Elle s'est mise à pleurer. Elle m'a dit : « Je sais que vous pensez que nous n'avons rien fait. » Je l'ai interrompue pour lui dire que je savais ce que je lui devais et que je savais aussi qui n'avait rien fait. Elle m'a rapidement dit qu'il fallait voir la principale. Nous sommes parties ensemble. La principale était dans son bureau avec la psychologue scolaire. À l'évidence, elle ne m'a pas reconnue. J'ai trouvé cela affligeant. La CPE m'a donc présentée en précisant : « C'est la mère de Noémie Ejnès, qui a été gravement harcelée. » La principale a dit : « Ah oui, oui oui, bonjour madame Ejne », sans prononcer le *s* final. Elle ne savait toujours pas correctement dire notre nom. C'est là, avant même d'expliquer les raisons de ma présence, que la CPE a eu cette phrase terrible : « Il faut faire quelque chose. Il ne faut pas qu'il y ait un nouveau cas Marion Fraisse. »

Ensuite seulement, elle a commencé à leur raconter l'évolution récente des événements dans le nouveau collège de Noémie, dont je venais de l'informer. J'ai pris le relais de la CPE en disant que le 3018 n'avait jamais abouti, que personne n'était au courant de rien et que si, aujourd'hui, les personnes chargées des dossiers harcèlement dans l'académie avaient des informations, c'était uniquement parce qu'elles avaient reçu une lettre de la ministre de l'Éducation nationale. La CPE m'a coupé la parole pour lancer : « L'étape suivante, c'est directement Gabriel Attal. »

Ensuite, la discussion s'est poursuivie pour savoir ce qu'il fallait faire et qui il fallait contacter. La CPE a dit qu'elle allait prévenir la nouvelle principale de Noémie. Pour ma part, j'ai fourni le nom et le numéro de téléphone de la personne du service anti-harcèlement de l'académie qui m'avait appelée à deux reprises.

La principale m'a demandé si je pouvais lui fournir des noms d'élèves pouvant être à l'origine du rebond de l'affaire. J'ai répondu négativement. Évidemment, j'en savais au moins un, mais, à tort ou à raison, j'ai préféré ne pas le donner, peut-être parce que je connaissais les parents de Constance. J'ai simplement précisé, mais c'était histoire de les bousculer pour qu'elles agissent, que désormais, si de nouveaux faits se produisaient, je porterais plainte directement.

J'ajoute que Monsieur Renoir a raconté le soir même à Gérard que la CPE était venue le voir et avait évoqué également devant lui le nom de Marion Fraisse.

Ce même mercredi 5 juin, j'étais au conservatoire pour donner mes cours quand, à l'heure du déjeuner, j'ai reçu un troisième appel de mon interlocutrice du service anti-harcèlement de l'académie. Elle venait d'être mise au courant de la nouvelle situation par le collège, preuve que ces gens-là étaient en gros progrès. Ils avaient été réactifs. Il était bien temps.

Je lui ai reprécisé la nature des nouvelles rumeurs qui circulaient. Elle m'a demandé comment allait Noémie, ce qui m'a fait penser que lors de notre réunion impromptue du matin, cela n'avait été le cas ni de la principale ni de la psychologue scolaire – on ne se refait pas.

Le lundi 10 juin, j'ai reçu un appel de la CPE de l'ancien collège de Noémie. Elle m'a dit qu'elle avait identifié l'élève qui multipliait les rumeurs anti-Noémie : Constance. Elle a ajouté qu'elle avait alerté sa collègue du nouveau collège et que celle-ci désirait rencontrer Noémie le plus vite possible.

La CPE du nouveau collège m'a appelée quelques heures plus tard pour me dire qu'elle avait vu Noémie et que celle-ci lui avait donné un nouveau nom. Celui d'un élève de son ancien collège qu'elle avait croisé trois jours plus tôt en ville avec son frère, qui lui est dans le collège de Noémie, et un copain à eux qui avait filmé Noémie et pris des photos d'elle sans son consentement. Ce jeune lui avait dit qu'elle était « une grosse pute ».

Elle avait transmis son nom à la CPE de l'ancien collège qui m'a rappelée une demi-heure plus tard pour me dire que cet élève sortait de son bureau, qu'il avait bien sûr nié, que ses parents seraient alertés et qu'il serait sanctionné.

La CPE du nouveau collège m'a également précisé que, pour le futur lycée de Noémie, son établissement avait soutenu la demande de désectorisation.

L'affaire avait débuté en novembre. Noémie avait intégré son nouveau collège fin février. Nous étions à moins de trois semaines de la fin de l'année scolaire. La bête immonde rôdait toujours. Au moins cette fois-ci était-elle sous contrôle, même si Noémie continuait à subir en ville les répliques de son tremblement de terre personnel.

Le lundi 24 juin dans l'après-midi, j'ai reçu un appel du père de Constance qui venait seulement d'apprendre quelques minutes plus tôt que sa fille était en conflit avec Noémie. Noémie avait envoyé un SMS à Constance pour lui demander d'arrêter de propager des rumeurs au moment où celle-ci se trouvait en voiture avec son père. Sans doute parce qu'il avait senti que sa fille se troublait, il lui avait demandé de lui lire le contenu du message qu'elle venait de recevoir.

Je connaissais très bien le père de Constance puisque nos filles avaient longtemps été dans la même classe. Il m'a tranquillement proposé de venir le voir avec Noémie afin que nos filles s'expliquent. J'ai évidemment accepté. C'était la première fois qu'un parent de l'un des harceleurs se manifestait directement et, qui plus est, de façon très courtoise. Noémie a d'abord été réticente. Je lui ai expliqué qu'il fallait absolument qu'elle vienne.

Quand nous nous sommes retrouvés tous ensemble, la mère de Constance était présente, les deux filles ont refusé de s'isoler pour s'expliquer. Constance a d'abord nié avoir tenu les propos que Noémie lui reprochait puis elle a concédé avoir relayé une rumeur à laquelle elle ne croyait pas. Elle s'est excusée pour ça. Pour Noémie, c'était essentiel.

Peu importe que Constance ait dit ou pas l'exacte vérité. Il était important de pouvoir enfin avoir une explication apaisée, en présence des enfants, aux côtés de parents responsables et impliqués.

*

GÉRARD — L'été est arrivé et avec lui les vacances encore plus bienvenues qu'à l'habitude. Fin juillet,

Noémie a de nouveau participé aux championnats de France d'équitation. Elle a effectué tous ses passages sans faire tomber la moindre barre.

Au mois d'août, nous étions dans notre maison des Deux-Sèvres quand nous avons appris que la gendarmerie avait convoqué et interrogé en juillet l'un des harceleurs cités dans notre plainte du 12 décembre 2023. Depuis cette date, nous étions sans nouvelle de l'état d'avancement de la procédure.

Pour en avoir le cœur net, le 6 septembre, nous nous sommes rendus avec Marie-Fred à la gendarmerie où nous avions déposé cette plainte. Elle était fermée définitivement. Par chance, une personne nous a vus. Il s'agissait d'un gendarme en civil résidant encore sur les lieux. Il nous a très aimablement renvoyés vers une autre caserne à laquelle il a pris soin auparavant de téléphoner.

Nous sommes allés directement dans cette autre gendarmerie où l'on nous a dit que l'adjudant-chef était occupé mais que si nous laissions nos numéros de téléphone il nous rappellerait. Nous les avons transmis, sans grande illusion.

À ma joyeuse surprise, le gendarme m'a contacté trois quarts d'heure plus tard. Il m'a très gentiment expliqué que la procédure avait pris un peu retard mais qu'elle était bien sûr toujours en cours, qu'il avait effectivement interrogé en juillet la harceleuse qui était l'une des anciennes amies de Noémie, que cette audition avait été un peu compliquée, qu'il avait auparavant déjà vu d'autres personnes et qu'il devait encore convoquer au moins trois jeunes avant d'interroger Kevin qui était à l'origine de l'affaire.

Il m'a ensuite demandé des nouvelles de Noémie, a voulu savoir comment s'était déroulée sa rentrée, encore toute récente. Je lui ai répondu que ça avait l'air de bien se passer mais que nous avions dû éloigner Noémie géographiquement. « Vous avez bien fait de la désectoriser », m'a-t-il dit, avant d'ajouter : « Je vous tiendrai au courant de la suite des événements. »

Des mots simples. Des mots qui font du bien.

ÉPILOGUE

À chacun son lendemain

(Par Gérard, Marie-Frédérique et Noémie)

GÉRARD — J'ai largement dépassé l'âge des folles espérances, des horizons bleutés et je prends les axiomes pour ce qu'ils sont : souvent de petites escroqueries mentales. Je ne crois pas du tout que « ce qui ne tue pas rend plus fort ». C'est même tout le contraire.

Tout ce qui blesse, abîme, meurtrit, détruit l'équilibre normal des choses, rend plus faible, beaucoup plus faible. Si ce n'était pas le cas, Freud serait resté toute sa vie un modeste médecin de ville et il n'existerait pas de psychiatres ou de psychologues. Ils ne serviraient à rien.

Je ne sors pas indemne de cette affaire de harcèlement. Elle ne m'a rien appris sur les êtres humains, en positif comme en négatif, que je ne savais déjà, mais elle m'a percuté de plein fouet et me laisse déstabilisé.

Que Noémie se fasse encore insulter par des nuisibles dans les rues de notre ville m'est insupportable.

Même avec un lycée situé à quinze kilomètres de chez nous, loin scolairement de ceux qui l'ont torturée, j'ai l'impression qu'elle est désormais condamnée à vivre sous la menace permanente d'une rencontre fortuite qui tournerait mal, sous la hantise d'une saillie insultante et dégradante, d'une image abîmée et souillée, parce que notre ville ne bougera pas, elle restera ce qu'elle est et ses habitants avec elle.

Le mercredi 21 juin, Noémie a refusé de se lever pour aller en cours. Comme nous insistions pour qu'elle sorte de son lit, elle s'est mise à pleurer en répétant à l'infini : « J'en ai marre, j'en ai marre, j'en ai marre… » Impossible de lui faire dire de quoi elle avait marre mais cette phrase nous a transportés quelques mois en arrière. Elle était suffisamment forte et inquiétante pour raviver nos peurs.

Alors que faire ? Déménager ? Fuir encore une fois ? Protéger définitivement Noémie en nettoyant radicalement les franges sales de son passé ? Nous y avons réfléchi mais nous n'avons jamais envisagé sérieusement de le faire. Notre vie est ici, ainsi que nos habitudes, nos amis, dans ce qui était notre petit paradis. Notre bonheur est ici, notre part de malheur aussi, c'est normal, qui ne porte pas la sienne ? Mais là, nous étions face à une sorte de quadrature du cercle. Nous aurions pu mettre Noémie dans un établissement privé, l'envoyer dans un internat, à supposer qu'elle ait été d'accord. À partir du moment où nous avons décidé de continuer à habiter dans notre ville où elle va croiser les mêmes personnes, cela n'aurait strictement rien changé.

Il fallait pourtant trouver une issue de secours. Un livre ? Oui, pourquoi pas un livre pour laver l'honneur bafoué de Noémie, mais aussi pour faire savoir aux autres parents, aux autres enfants, sous quelles menaces ils vivent en permanence. Leur signifier que personne n'est à l'abri de ce pire que l'on ne voit pas venir, de ce pire qui nous laisse tellement démuni, tellement impuissant, et qu'il faut pourtant combattre de toutes ses forces, celles qui restent en tout cas dans ces moments-là. Qu'il ne faut jamais céder devant la bêtise et l'injustice, qu'il ne faut jamais déposer les armes.

Ce livre, j'ai commencé à y penser à la fin du mois de janvier 2024 quand Noémie sombrait. Encore fallait-il remplir toutes les conditions de sa faisabilité. D'abord que les femmes de ma vie soient d'accord car je voulais impérativement qu'elles en soient totalement parties prenantes. Ensuite que Noémie reste en vie. Je n'aurais pas eu la force d'écrire sur une tombe.

J'en ai parlé à Marie-Frédérique qui m'a immédiatement fait part de son inquiétude, elle, cette artiste qui privilégie tellement l'ombre et l'anonymat. Elle s'est malgré tout laissé convaincre facilement. Dix fois plutôt qu'une, j'en ai parlé ensuite à Noémie qui était alors au plus profond du désespoir. J'ai tout de suite senti que l'idée allumait en elle une petite lumière, qu'elle ranimait sa flamme quasi éteinte. Je lui ai bien expliqué les raisons de ce projet. Elles l'ont aisément séduite.

Jusqu'à la fin de l'année scolaire, j'ai régulièrement évoqué le sujet avec elle, surtout lors de nos entretiens, et je n'ai jamais omis de souligner les risques potentiels que cela comportait pour son image, pour son avenir, ces risques que certaines personnes de notre entourage ne manquaient pas d'évoquer devant nous. Elle n'a pas fléchi. J'ai bien insisté sur le fait qu'elle ne devait pas le voir comme une vengeance mais peut-être comme une petite revanche sur le mauvais sort et surtout comme un tremplin, pas seulement pour elle, vers un monde meilleur. Elle m'a compris. Elle comprend tout.

Noémie est en vie. Ce livre en est la preuve.

*

MARIE-FRÉDÉRIQUE — Le mardi 25 juin, j'ai reçu un texto de la personne chargée des dossiers anti-harcèlement de l'académie de Versailles qui m'avait appelée le 30 mai : « Bonjour, comment allez-vous ? Comment va Noémie ? Bien cordialement. » Et voici ma réponse : « Bonjour, merci de prendre des nouvelles. On surveille. Il y a des jours plus compliqués que d'autres. Des nouvelles sur l'affectation de Noémie ? Cordialement. »

Sa réponse : « Normalement vous aurez la réponse demain », suivi d'un smiley avec un grand sourire. Quel réconfort de constater qu'elle s'intéressait toujours au sort de notre fille et que le dossier semblait en bonne voie.

Le lendemain soir, avec Gérard, nous avons mis plus d'une heure et demie à accéder au site Educonnect sur lequel les affectations étaient annoncées. Quand enfin la connexion a été établie, nous avons appelé Noémie pour qu'elle se joigne à nous. Au moment où j'allais appuyer sur la touche pour afficher la réponse, elle a déboulé et m'a piqué l'ordinateur pour le faire elle-même, hors de notre vue.

Son excitation faisait plaisir à voir. Elle semblait totalement détachée de son avenir scolaire depuis des semaines. Or, ce soir-là, j'ai pu constater que ce n'était pas vraiment le cas. Quand elle a lu le résultat, un grand sourire a éclairé son visage.

Les choses semblaient évoluer dans le bon sens. La Noémie qui était entrée en troisième et celle qui venait d'en finir avec le monde destructeur du collège n'étaient plus du tout les mêmes. Elle avait énormément gagné en maturité. Parfois, je retrouvais la Noémie bavarde, exubérante, drôle, qui nous donnait chaud au cœur. Mais j'avais encore des doutes sur sa confiance et sa sociabilité. Elle s'était construit la carapace d'une solitaire, et j'étais très angoissée à l'idée qu'elle puisse être de nouveau victime d'un harcèlement.

Je me rendais compte que Noémie restait très fragile sur le plan émotionnel. Nous faisions tout pour qu'elle sorte de cette épreuve dans le meilleur état possible, mais sans garantie de résultat.

Je gardais en outre au fond de moi une forme de rancœur. J'aurais simplement voulu qu'en temps utile, les responsables de son collège et l'administration aient effectué sérieusement leur travail. Si cela avait été le cas, Noémie n'en serait pas là, Gérard n'en serait pas là, je n'en serais pas là et ce livre n'existerait pas.

*

Noémie — Le mercredi 26 juin, il était vingt-deux heures quinze et j'étais dans ma chambre quand maman m'a appelée pour me dire que la réponse pour mon futur lycée était en ligne. J'étais un peu excitée de savoir où j'allais me retrouver. Je suis descendue, j'ai pris l'ordinateur, j'ai cliqué sur « affectation » et j'ai vu apparaître le nom du lycée que nous avions demandé. Cette fois, c'était certain, je n'allais plus croiser mes harceleurs, au moins dans le cadre scolaire. J'étais heureuse.

Les jours suivants, j'ai essayé de me concentrer un peu sur les épreuves du brevet qui approchaient mais je reconnais que je n'y ai pas consacré beaucoup de temps. J'ai du mal à travailler quand ce n'est pas directement pour le lendemain. Comme les épreuves avaient lieu le lundi 1er et le mardi 2 juillet, je m'y suis mise le dimanche soir. Papa et maman n'arrivent pas à comprendre comment c'est possible. Pourtant j'avais très envie de l'avoir. Il faut dire que papa ne m'avait pas vraiment aidée à me mettre au travail en me répétant constamment que c'était bien plus difficile de rater le brevet que de l'avoir.

L'examen s'est déroulé dans mon collège. Je n'étais pas du tout angoissée. En maths, ce n'était même pas vraiment des maths, il n'y avait pas de géométrie.

En physique, la réponse à la première question était dans la phrase du dessus. En français, je savais que je serais à l'aise. En histoire-géo, où je n'avais rien révisé, je crois que ça a quand même été.

À la fin, j'étais surtout contente d'en avoir définitivement terminé avec le collège. Évidemment, je ne garde pas un bon souvenir de ces années. Elles m'ont surtout appris à me méfier des gens, et, même avec le recul, je crois que ce que j'ai vécu ne m'a rien apporté de positif par rapport à moi-même et à mon avenir. J'ai encore la blessure de ce qui m'est arrivé. Au moins, avec papa, nous nous sommes un peu rapprochés. Je n'ai plus l'impression que nous sommes comme deux étrangers l'un pour l'autre.

Papa m'a souvent parlé de ce livre. Dès le début, alors que j'étais au plus mal, j'ai pensé que ce serait important de le faire et je n'ai jamais changé d'avis. C'était une façon de répondre, sans violence, à tous ceux qui m'avaient blessée, à tous ceux qui ne m'avaient pas soutenue au collège et à l'académie, à toutes ces personnes contre qui j'étais en colère. J'aimerais tellement qu'elles lisent ce livre pour comprendre tout le mal qu'elles m'ont fait.

Ah ! au fait, papa avait raison. Le 12 juillet, j'ai appris que j'avais réussi le brevet.

REMERCIEMENTS

Marie-Frédérique, Noémie et Gérard tiennent à remercier Éric Maitrot, bienveillant et avisé premier lecteur, Ivanne Robineau, magistrale et compréhensive éditrice, les éditions Robert Laffont pour leur confiance, ainsi que toutes les personnes qui ont accepté de témoigner courageusement dans cet ouvrage.

TABLE

Composition réalisée par Facompo à Lisieux

Imprimé en France par
CPI Brodard & Taupin
en octobre 2024

N° d'édition : 67775/01 – N° d'impression : 3057721